「国学今用」系列

墨子与我聊进取

姜正成 编著

郑州大学出版社

图书在版编目（CIP）数据

墨子与我聊进取/姜正成 编著 . —郑州: 郑州大学出版社，
2016.8（2021.7重印）

（国学今用）

ISBN 978-7-5645-3083-9

Ⅰ . ①墨… Ⅱ . ①姜… Ⅲ . ①墨翟 – 哲学思想 – 通俗
读物 Ⅳ . ① B224-49

中国版本图书馆 CIP 数据核字（2016）第 125562 号

郑州大学出版社出版发行

郑州市大学路 40 号　　　　　　　　邮政编码：450052

出版人：张功员　　　　　　　　发行部电话：0371-66658405

全国新华书店经销

北京洲际印刷有限责任公司印制

开本：710 mm×1 000 mm　　1/16

印张：15.5

字数：226 千字

版次：2016 年 8 月第 1 版　　　　印次：2021 年 7 月第 2 次印刷

书号：ISBN 978-7-5645-3083-9　　定价：49.80元

前　言

　　春秋战国时期，正是中国从奴隶社会向封建社会转型的时期，诸侯争霸，群雄并起。这个时候的社会转型需要思想学说来作为理论指导，诸侯之间的激烈竞争又导致他们极力招揽人才。时代的需要，宽松的学术氛围，孕育了中国最朴素而灿烂的思想文化。

　　一时间诸子兴起，百家争鸣，互相借鉴又互相诘难，讨论的问题之广，涉及题材之多，发掘的深度之远，以及对后世的影响之深远，都是空前绝后的。丰富灿烂的文化成果构建成了中国古文化的基本框架，而后中国文明两千多年的发展，尽管也受到一些外来文化影响，但总是被中国文明消化和吸收（如西汉末年开始传入中国的佛教，唐朝后期开始传入中国的伊斯兰教，宋代以后开始传入中国的基督教———包括天主教和新教，晚清时期开始影响中国的西方思想哲学体系），中国的主流文化还是这个时期奠定的。这期间形成的对后世较有影响的学说有：儒家、墨家、道家、法家、兵家等。所谓东方人的智慧，无论是中国、日本，还是韩国，都离不开这几家的范畴。

　　墨子，他正好生活在孔子和孟子之间。墨子早年"学儒家之业，受孔子之术"，后来他看到儒家学说的种种弊端，于是自立门户，开创了墨家学派，毕生为之身体力行，言传身教，为墨家学说的发扬光大和实施济世而奔走呼号。在其晚年和身后，墨家渐渐成了最有影响的学说，与儒家学说分庭抗礼，并大有凌驾其上之势，以至于孟子哀叹：墨翟之言盈天下。荀子更是说：礼乐灭息，圣人隐伏，墨术行。韩非也说：世之显学，儒墨也。

　　季羡林说："墨子在人类文明史上，代表了一个时代的高度，他在哲学、教育、科学、逻辑、军事防御等许多领域都有杰出贡献，是一位伟大的平民圣人。"

　　墨子出身贫寒，他深知下层劳动人民的疾苦，即使有了名气，也没有因为人们看重他而让自己的生活改观，为自己捞些好处。他始终都和学生们一起穿粗布，带草鞋，勤劳动，以吃苦为乐事，并自称"贱人"。在他身上，真正体现出了艰苦朴素、勤俭节约的民族精神。只不过，用现在人的一些视角看来，似乎他活得有点不太"潇洒"，而正是这种"不太潇洒"却让他保持了生命永恒的辉煌，也正是这种不潇洒才倡导出了一个民族优秀的品质———兼爱。兼爱，就是人与人之间宽容、平等、互相理解，强大的不欺侮弱小的，聪明的不欺侮愚笨的，富裕的不欺侮贫困的。

他是位思想巨子，因为他自立门户，创立了墨家学说；他也是位大爱无言的圣贤，因为他是整个中国两千年文明历史上第一位站在最底层劳动者和社会弱者的立场上说话的人；他在中国历史上不可或缺，因为他与众多的圣贤一道，展开思想的砥砺和交锋，共同创造出了百家争鸣的局面；他还是位科学家，是中国历史上第一位在力的作用、杠杆原理、光线直射、光影关系、小孔成像、点线面体圆概念等众多领域都有精深造诣的人。

本书运用现场问答的形式，在一问一答见，表现出墨子的一些理论和主张。同时利用解析和事例解读，希望能够把墨子的一些观点以通俗易懂的语言呈现在读者的面前。

《墨子》一书，内容丰富，思想深刻。本书只是以一家之言来阐述墨子的思想，水平有限，有时候难免以偏概全，有所遗漏，仅供读者们在了解墨子的时候作为参考。

目 录

第一章　墨子与我聊自强自立

"志不强者智不达，言不信者行不果"告诉大家，成大事一定要有坚强的意志，不可急功近利、急于求成，要一步一个脚印地走向成功。不要轻易地依赖别人，自己要有主见，要相信自己。

第二章　墨子与我聊信念意志

"言必信，行必果，使言行之合，犹合符节也，无言而不行也。"这段话告诉大家：做人要言必信，行必果，表里如一，身体力行。

第一章　墨子与我聊环境影响

"染于苍则苍，染于黄则黄。"这句话告诉大家，丝染了青色燃料就变成青色，染了黄色颜料就变成了黄色。人容易被外界影响，近朱者赤，近墨者黑，要谨慎交友。

第四章　墨子与我聊善用人脉

"非贤无急，非士无与虑国，缓贤忘士而能以其国存者，未曾有也。"这段话告诉大家，国家之所以贫困，人民减少、社会不稳定是由于统治者不知道"尚贤"的缘故造成的。要想治理好国家，当务之急就是要崇尚、重用贤能之人，就是要增加国内贤良之士的数量。

第五章　墨子与我聊道德修养

"爱人者人必从而爱之，利人者人必从而利之。"这句话告诉大家，凡是爱别人的人，别人也必然爱他，有利于别人的人，别人也必然会为他牟利。人与人之间都是将心比心的，投之以桃报之以李。撒播善种，才能收获善果。

第六章　墨子与我聊团队精神

"凡使民尚同者，爱民不疾，民无可使。"这句话告诉大家，凡是要使百姓向上保持统一的，如果爱民不深，百姓就不能被役使。告诉人民，作为统治者一定要爱人民，处处为人民的利益着想，只有这样才能够役使他们，这也是我们现在所谓的团队精神。

第七章　墨子与我聊戒贪节流

　　"节俭则昌，淫佚则亡。"这句话告诉大家，勤俭节约者能够昌盛，骄奢淫逸者亡。告诉人们尤其是统治阶级应该在衣、食、住、行等各个方面都要注意节俭，不可过度消费或奢侈浪费，发展生产要以是否利于民众、是否有益于社会为原则。在丧葬方面，也要注意节俭。

第八章　墨子与我聊竞争智慧

　　"国有贤良之士众，则国家之治厚；贤良之事寡，则国家之治薄。"墨子告诉大家，国家拥有的贤良之士多，国家就治理得好；国家拥有的贤良之士少，国家就治理得差。大到国家的富强和发展，小到一个组织或团体的兴旺发达，人才在其中都无疑发挥着至关重要的决定性作用，是竞争取胜的法宝或关键性因素。

第九章　墨子与我聊善恶有报

"本察仁义之本，天意不可不慎也。"墨子告诉大家，考察仁义的根本，就是对上天的旨意的顺从。要顺承天志，不顺从天意，将会遭到惩罚。

第一章

墨子与我聊自强自立

"志不强者智不达，言不信者行不果"告诉大家，成大事一定要有坚强的意志，不可急功近利、急于求成，要一步一个脚印地走向成功。不要轻易地依赖别人，自己要有主见，要相信自己。

志不强者，则智不达

【聊天实录】

我：墨老先生，您对意志关乎成功有何高见？

墨子：我曾在《墨子·修身》中提到：志不强者智不达。

我：您这句话该如何解释呢？

墨子：这句话的意思就是：意志不坚强的，智慧一定不高。

我：您的意思是说：做事能够成功的人，一定有很高的智慧；做事不成功的人，智商不一定高。

墨子：是的，你说得很对，只有意志坚定者才能成功。

【解读】 ❧ **自强才能成功** ❧

墨子

墨子说：意志不坚强的人，智慧也不会高到哪里去。他把意志放到了非常重要的位置。挫折和困难犹如拦在我们成功路上的两只老虎，唯有战胜它们，我们才有走向胜利的希望。而战胜困难，打败挫折，我们必须练就钢铁般的意志。坚忍不拔的钢铁意志是我们成功的根本保障，有时面对人生无常，命运的捉弄，只有调整心态，把握好自己的命运，方为上策。

每个人的一生就像一把牌，牌有好有坏，不可能人人都有好牌，也没有重新洗牌的机会，我们一生的责任就是打好我们手里的每一张牌。如果你在 40 岁的时候，在一次悲惨的车祸火灾中烧得不成人形，50 岁的时候又在一次飞机失事中腰部以下完全瘫痪，你是不是觉得命运在人生这场牌局里，给了你一手太坏的牌？你还能想象自己会变成百万富翁、成功的企业家和受人爱戴的公共演说家吗？你能想象自己去泛舟、去跳伞，并在政坛进行角逐吗？米切尔全都做到了，以上就是他手里抓到的那一把坏牌：一次车祸的意外事故，把他身上65%以上的皮肤全部烧坏，在经过 16 次手术之后，他仍然无法拿起叉子，无法拨电话，也没法上厕所。经过艰苦的恢复期，恢复了自己的正常生活之后，他为自己买了一幢房子，并和几个朋友合资开了一家生产以木材为燃料的炉子的公司，这家公司后来变成佛蒙特州第二大私人公司。

4 年后，厄运又一次降临，米切尔驾驶飞机出行时失事，把他的 12 条脊椎骨压得粉碎，腰部以下永远瘫痪。米切尔仍不屈不挠，后来他被选为科罗拉多州孤峰顶镇的镇长，他也曾竞选国会议员，他用一句"不只是另一张小白脸"的口号，把自己难看的脸转化成一项有利的资产。

尽管容貌丑陋、行动困难，米切尔却拿到了公共行政硕士学位，并持续他的飞行活动、环保运动及公共演说。

米切尔说："我瘫痪之前可以做 1 万种事，现在我只能做 9000 种事，我可以把注意力放在我无法再做的 1000 件事上，或是把目光放在我还能做到的 9000 件事上。"

很少的人能天生得到一副好牌，得到好牌的人固然值得高兴，但拿到坏牌并不意味着就一定会输。如果我们手中拿到了一副不算太差的牌，我们就一定要争取去赢；如果我们不幸摊上了一副不能再糟的牌，我们也要尽可能地找出一两张还不算坏的牌作为强项，使结局变得相对好一些。而且如果我们会利用上下家的环境机遇，巧妙地把一张没用的牌打出去，或许我们还有赢的机会。只要我们有毅力，有钢铁刚的意志，那么，坏牌也会变成一张好牌的。

世界上聪明的人并不是很少，而成功的，却总是不多。

博迪是法国的一名记者，1995 年，他突然心脏病发作，导致四肢瘫痪，而且丧失了说话的能力。被病魔袭击后的博迪躺在医院的病床上，头脑清醒，但是全身的器官中，只有左眼还可以活动。可是他并没有被病魔打倒，虽然口不能言，手不能写，他还是决心要把自己在病倒前就开始构思的作品完成并出版。出版商便派了一个叫门迪宝的笔录员来做他的助手，每天工作六小时，给他的著述做笔录。

博迪只会眨眼，所以就只有通过眨动左眼与门迪宝来沟通，逐个字母地向门迪宝背出他的腹稿，然后由门迪宝每一次都要按顺序把法语的常用字母读出来，让博迪来选择，如果博迪眨一次眼，就说明字母是正确的。如果是眨眼两次，则表示字母不对。

由于博迪是靠记忆来判断词语的，因此有时就可能出现错误，有时他不需要滤去记忆中多余的词语，开始时他和门迪宝并不习惯这样的沟通方式，所以中间也产生不少障碍和问题。刚开始合作时，他们两个每天用六小时默录词语，每天只能录一页，后来慢慢加到三页。几个月之后，他们历经艰辛终于完成了这部著作，据粗略估计，为了写这本书，博迪共眨了左眼二十多万次。这本不平凡的书有一百五十页，已经出版，它的名字叫作"水衣与蝴蝶"。

在这个世界上，聪明的人并不是很少，而成功的，却总是不多。很多聪明人之所以不能成功，就是因为他在已经具备了不少可以帮助他走向成功的条件时，还在期待能有更多一点成功的捷径展现在他面前，而能成功的人，首先就在于他从不苛求条件，而是竭力创造条件———就算他只剩了一只眼睛可以眨。霍金和张海迪都是人残志不残的典型，他们都像博迪一样，创造了各种条件，为实现自己的目标而艰苦奋斗。但很多人却是人不残志残，他们拥有健康的身躯，却没有人生目标，过着做一天和尚撞一天钟的无所作为的生活，漫无目的地生活在这个世上，与博迪相比，这种人是不是应该反省一下自己呢？

不要丢西瓜捡芝麻

墨子提出："指以存擎，利之中取大，害之中取小也。害之中取小也，非取害也，取利也。"意思是说，指来保存手腕，是于利中选取大利，于害中选取小害。在害中选取小害，并不能算是取害，实际上是在取利。

"祸兮，福之所倚；福兮，祸之所伏"是老子隽永的格言，祸未必就是祸，福也未必就是福，祸福相生，变幻无形。老子此言已有要求人们全面把握事物本质的朦胧意识，而墨子则更加明确地提出了应全面权衡利害关系的辩证思想，即"两而勿偏"，认为人们思考问题应考虑全局，要全面地看问题，而不应片面性地看问题。

"断指以存腕"就是墨子对这一辩证思想的形象比喻。"存指"是小利，"存腕"是大利，所以"断指存腕"是"利之中取大"。"断指"是小害，"断腕"是大害，所以"断指存腕"是"害之中取小"。而"存指"看似是小利，实为大害，皮之不存，毛将焉附？腕没了，哪还来的指呢？所以"断指存腕"是"非取害也，取利也"。这就好比怀财而行，遇到强盗的掠夺，是害；舍财而保全性命，是利。若肯舍财而保命，就是于害中取利；但若舍命而保财，看似是有利，而实际上将人财两空，是舍利而取害。

西瓜与芝麻谁大谁小，谁轻谁重，一看便知，这是三岁小孩都能分辨的。但在现实生活中分辨西瓜芝麻却未必那么容易，大与小，多与少，并非一看便知，常常会有人干出捡了芝麻丢西瓜的蠢事。

战国时，楚国请匠师公输班帮助制造云梯，准备攻打宋国。墨子听说后，星夜赶到楚国，劝楚王放弃攻打计划，他讲了一个西瓜和芝麻的道理：

"楚国的土地，方圆五千里，宋国的土地，方圆五百里，这就像彩车和破车相比；楚国有个云梦泽，犀牛、麋鹿满地都是，长江、汉水里出产鱼鳖鼋鼍，算得上天下最富饶的了，宋国却是连野鸡、野兔、鲫鱼都不出的地方，这就像好饭肉食跟糟糠相比；楚国有高大的松树、纹理细的梓树、卡便木、楠木和樟树，宋国却连大树都没有，这就像锦绣衣裳和粗布衣服相比。"

墨子所言，楚王未必想不到，楚王私心是想占点便宜，捡了芝麻又不丢西瓜，岂不更好？然而墨子的话也没有说完，西瓜是自己的，芝麻却是别人的，强占别人的，哪怕只是一点点，常常会付出自己整个的代价。

贪心不足的人，往往因小失大；私心太过的人，常常得不偿失。

目光远大的人，办大事，成大业，胸怀大目标，便不会被眼前的小利小惠所惑，便能够在西瓜与芝麻之间做出正确的判断。

大智大勇的人才能获得巨大的成功，大谋大略的人方能取得大利大惠。当然，大智大勇的人也有本末倒置的时候，目光远大的人也会有侥幸心理，这也就导致了他们在西瓜和芝麻之间做出错误的选择。

隋文帝是中国历史上少见的节俭君主，他要求他的臣子及儿女都这样。太子杨勇英明果敢，在参与朝政时表现得很突出。但隋文帝不重视大节，对杨勇多了几个姬妾及做事有点喜排场极为不满。另一个儿子杨广，正好抓住这一点大做文章。隋文帝便下决心废掉杨勇改立杨广为太子，最后，杨广登位，成为隋炀帝。他并没有像他父亲那样节俭，而是骄奢淫逸，臭名昭著，最后，彻底葬送了隋朝的大好江山。

人 生 智 慧

◇把握好自己的命运，方为上策。

◇意志不坚强的人，智慧也不会高到哪里去。

◇大智大勇的人才能获得巨大的成功，大谋大略的人方能取得大利大惠。

自信自强，才能成功

【聊天实录】

我：墨老先生，您对自信就能成功有何高见？

墨子：我曾在《墨子·亲士》中提到：君子进不败其志，内究其情，虽杂庸民，终无怨心，彼有自信者也。

我：您这句话该如何解释呢？

墨子：这句话的意思就是：君子仕进顺利、有所成就时不会改变他平素进取的志向，不得志的时候也是一样，在逆境中能反思失败的原因。

即使落魄地降为平民，终日与普通的平庸民众杂处在一起，终究也不会有任何抱怨的心理，也不会自暴自弃，这是因为他有自信心的缘故。

我：您的意思是说：那些碌碌无为的人，只要偶尔遇到一点挫折，他们就会心灰意冷，一蹶不振。失败的人之所以失败，就是因为他们自己不相信自己。

墨子：是的，你说得很对，没有自信的人是很难成功的，就像没有脊梁骨的人很难挺直腰杆。

【解读】 ❧ **自信才能成功** ❧

信心是一种最坚强的内在力量，它能够帮助你渡过最艰难困苦的时期，直到曙光最终出现。信心从未令人失望，它会使人发现自身的价值和潜能，取得成功。卡耐基说："自信才能成功。"

1962年，美国历史学会组织美历史学家投票，选出了五位最伟大的总统，富兰克林·德拉诺·罗斯福排名第三，仅居于亚伯拉罕·林肯和乔治·华盛顿之后，成为美国历史上唯一一位连任四届、主持白宫时间最长的总统。

罗斯福被公认为世界历史上能够扭转乾坤的巨人之一。关于他的国内政绩，关于他在世界历史上曾经发挥的作用，另一位伟人温斯顿·丘吉尔曾说："罗斯福是对世界历史影响最大的一位美国人。"

最近几十年间，由于美国国力的强盛和在国际事务中扮演的重要角色，数任美国总统或多或少地要以"世界总统"自居，可以说，如果没有罗斯福，他们就不可能获得这样的自信，而罗斯福的这种自信却具有不同寻常的意义。

如果没有这种自信，很难想象他会在39岁患上脊髓灰质炎（俗称小儿麻痹症）之后，凭着顽强的毅力积极配合治疗，终得幸免于全身瘫痪；更难想象他后来敢于拄着双拐或坐着轮椅出现在1932年总统竞选的讲坛上，并成为美国历史上唯一一位身罹残疾的总统。

自信在罗斯福一生的成长和事业中起到了重要作用，在他第一次就职演说中，针对当时美国社会的经济"大萧条"情景说："首先让我们表明自己的坚定信念：唯一值得恐惧的东西就是不可名状的、未经思考、毫无根据的恐惧，使得转退为进所需的努力陷于瘫痪的恐惧。"

罗斯福

纵观罗斯福一生，我们可以肯定地说：他虽然身罹残疾，但在迄今为止所有的美国总统中，远不是每一位都像他那样具有一颗如此健康的心灵。

人们无论从事什么职业，做什么事情，都应该做到"进不败其志"和"内究其情"。在身处顺境时，还要积极进取，勇于开拓，不改凤志；而身陷逆境之时，则要躬身自省，探究失败之由，此外还应做到无论何时都要对自己充满自信心。因为只有这样，才能把事情做到成功，才能使自己的学习和事业一帆风顺。

任何人的人生都不可能一帆风顺，很多事情并不是人所能控制的。如公司经营不景气，我们也许就成了被裁减的对象；或许我们家人生病，另一半舍我们而去；政府削减了跟我们有关的福利，还有难以预料到的天灾人祸，比如地震、水灾、火灾等等，这些事情都可能使我们多年的努力付之东流。也许会由于这些原因，我们将陷入困境，整天被烦恼困扰。

或许我们所经历的只是我们人生的第一次不幸的遭遇，我们会用积极的心态将之一一化解，从哪里跌倒，就从哪里爬起。另找一份工作，使家人康复；再结识一位伴侣，让快乐的时光重现。经过稍稍的整理，又一身轻松地奔向成功。然而上帝也许年纪大了，他有些耳聋，他并未听见好心人为我们的祈祷，他再一次挥起那把巨大的扫帚，把不幸扫向人间。偏偏凑巧，不幸的果子又落在我们的家园，我们又一次甚至又一次前功尽弃，命运一次又一次跟我们开起了玩笑。

❧ 缺乏自信就会危害自己 ❧

墨子说："古代治理国家的王公大人，都想使国家富强，人口众多，法律政事有条理。然而求富不得反而贫穷，人口不增反而减少，想治理好反而混乱，这是从根本上失去了所想的，而得到了所憎恶的。"这是为什么呢？墨子认为是持"有命"观点的人太多了。

主张"有命"的人说："命里富裕就富裕，命里贫穷就贫穷；命里人口众多就人口众多，命里人口少就人口少；命里治理得好就治理得好，命里混乱就混乱；命里长寿就长寿，命里短命就短命。虽然自己力量强大，又有什么用呢？"

针对"有命"的观点，墨子从"本原的、推究的、实践的"三个方面进行了有力的辨析。墨子说："现在天下的士人君子，有的认为有命，为什么不向上看看圣王的事迹呢？古代，夏桀乱国，商汤接过国家并治理它；商纣乱国，武王接过国家并治理它。这个世界并没有改变，人民没有变化，桀纣时天下就混乱，汤武时天下就得到治理，怎么能说是有命呢？"

墨子对"有命"论的批判启示我们：人应自信、自立和自强，尤其是面对困难的环境时，更要相信自己，努力去改变不利局面，在困境中自立、自强。

"金无足赤，人无完人"，这句话是说每个人都有某方面的不足，没有人是十全十美的，无论是在生理上还是心理上都有着或多或少的缺陷和不足。但能否敢于正视自己的缺陷和不足，而且不被它削弱自信，却是强者和弱者的区别。强者敢于正视自己的不足和缺陷，不为此自卑，相信自己一定能成功，而弱者恰恰相反。

弗洛伊德认为：人，生来就有"做伟人"的欲望。"做伟人"其实就是"成功"的集中表现。在这一理论提出之后，一些心理学家经过认真研究，也得出了一个相似的结论：不论民族、文化、历史、家庭、性别、年龄，人，天生就有爱受赞美、喜受尊重的强烈愿望和倾向。

犹太物理学家埃伦菲斯特具有非凡的评价和批判能力，因此一些伟大的物理学家常常乐意征求他的意见，他还常常应邀出席科学会议，但是他也把这种严峻的批判用在自己身上。

这种过分的自我批判倾向扼杀了这位科学家的才华，使其丧失了创造才能。

结果，他的思想产物还没有问世，过分挑剔的批判就夺走了他对它们的爱，埃伦菲斯特最后竟厌世自杀了。

著名物理学家杨振宁曾经谈到科学家的胆魄问题："当你老了，你就会变得越来越胆小……因为你一旦有了新思想，会马上想到一堆永无止境的争论，害怕前进。当你年轻力壮时，可以到处寻求新的观念，大胆面对挑战，而年纪大了的人疲于奔波，疲于争论。我常常问自己，是否已经丢掉了自己的胆魄？"

这些事例都从反面证明了没有自信就没有胆量，没有胆量就会磨灭想象力和独创精神，所以，缺乏自信是创造力和智慧的最危险的敌人。

人生智慧

◇自信才能成功。

◇能否敢于正视自己的缺陷和不足，而且不被它削弱自信，是强者和弱者的区别。

◇缺乏自信是创造力和智慧的最危险的敌人。

命运在手，自己掌握

【聊天实录】

我：墨老先生，您对命运有何高见？

墨子：我曾在《墨子·非命上》中提到：今有执命者之言，是覆天下之义。

我：您这句话该如何解释呢？

墨子：这句话的意思就是：现在要听主张"有命"的人的话，这是颠覆天下的道义。

我：您的意思是说：命运不是天注定的，而是你自己能决定的，对一个奋进的人来说，命运永远掌握在自己手中。

墨子：是的，你说得很对，命运要靠自己去把握，福祸都由自己决定。

【解读】

我心为我所独有

歌德

歌德说："我知道的东西谁都可以知道，而我的心却为我所独有。"

一个衙门的差役，奉命解送一个犯了罪的和尚，临行前，他怕自己忘带东西，就编了个顺口溜："包袱雨伞枷，文书和尚我。"在路上，他一边走，一边念叨这两句话，总是怕在哪儿不小心把东西丢一件，回去交不了差。和尚看他有些发呆，就在停下来吃饭时，用酒把他灌醉了，然后给他剃了个光头，又把自己脖子上的枷锁拿过来套在他的脖子上，自己溜之大吉了。差役酒醒后，总感到少了点什么，可包袱、雨伞、文书都在，摸摸自己脖子，枷锁也在，又摸摸自己的头，是个光头，说明和尚也没丢，可他还是觉得少了点啥，念着顺口溜一对，他大惊失色："我哪里去了，怎么没有我了？"

虽然是一则笑话，可笑过之后，却不禁让人深思。大哲学家亨利曾经说过："我是命运的主人，我主宰我的心灵。"做人应该做自己的主人，应该主宰自己的命运，不能把自己交付给别人。生活中有的人却不能主宰自己，有的人把自己交付给了金钱，成了金钱的奴隶，有的人为了权力，成了权力的俘虏，有的人经不住生活中各种挫折与困难的考验，把自己交给了上帝。

做自己的主人，就不能成为金钱的奴隶，不能成为权力的俘虏，更要不失自我，在各种诱惑面前保持自己的本色。过于热衷于追求外物者，最终可能会如愿以偿，但却会像差役一样把最重要的一样给丢了，那就是自己。

我们不能预知生活的各种情况，但我们能够适应它，这个世界上没有任何人能够改变我们，只有我们自己才能真正改变自己，也没人能够打败我们，只有我们自己才能击败自己。

我们必须面对这样一个奇怪的事实，在这个世界上，成功卓越者少，失败平庸者多。成功卓越者活得充实、自在、潇洒，失败平庸者过得空虚、艰难、猥琐。成功者相信命运掌握在自己的手中，所以他勤奋不辍；失败者相信命运天注定，所以他等待幸运的光临。

我们有权利决定生活中该做什么，不能由别人来代做决定，更不能让别人来左右我们的意志，而自己却成了傀儡。其实，只有自己最了解自己，别人并不见得比自己高明多少，只有自己的决定才是最适合自己的。我们应该做命运的主人，不能任由命运摆布自己。像莫扎特、凡·高等等，都是我们的榜样，他们生前都没有受到命运的公平待遇，但他们没有屈服于命运，没有向命运低头，他们向命运发起了挑战，最终战胜了它，成了自己的主人，成了命运的主宰。

挪威大剧作家易卜生说："人的第一天职是什么？答案很简单：做自己。"是的，做人首先要做自己，首先要认清自己，把握自己的命运，实现自己的人生价值，只有这样，才真正算是自己的主人。

命运要掌握在自己的手中

有一个人去拜访一位事业有成的朋友，闲聊中谈起了命运，就问朋友："世界上究竟有没有命运？"朋友答："当然有啊！"他接着问："那命运究竟是怎么回事？既然命中注定了还要奋斗干什么？"朋友没有直接回答他的问题，笑着抓起他的左手说:"我先给你看看手相,帮你算算命吧。"接着给他讲了一些生命线、爱情线、事业线等诸如此类的话题之后,突然对他说:"把手握成拳头,握紧了!"他茫然地握紧了拳头答道:"握紧了。""你看那些命运线在哪里?"朋友问。"在我手里啊。""命运在哪里?"朋友追问。犹如当头棒喝,他突然恍然大悟"命运握在自己的手里!"

朋友很平静地继续说:"不管别人怎么跟你说,不管算命先生们如何给你算,记住!命运握在自己的手里,而不是在别人的嘴里!这就是命运。当然,你再看看自己的拳头,就会发现你的命运线还有一部分露在外面,没有被握住,它又能给我们什么启示呢?就是命运的绝大部分掌握在我们自己手里,但总还有一部分掌握在'上天'手里需要我们去争取。所以古往今来,凡成大业者,其'奋斗'的意义就在于用一生的努力去争取那一部分!"

音乐家贝多芬相信大家都不陌生吧?!

当他第一次知道自己的耳朵真正越来越聋时,他就绝望了,人生似乎不值得活下去了。对一个音乐家来说,听不见他喜欢听而且靠它生活的甜美声音,是一切不幸中最不幸的事情,甚至比眼睛瞎了还糟。起初,只有威格勒医生和斯蒂芬.冯.勃罗伊宁等几个老朋友知道他的不幸。他放弃到各王宫去听他如此喜爱的欢快的音乐会。他怕人们注意到他的耳聋,以为一个听不见声音的音乐家是写不出好作品来的。然后他想起他想写的一切音乐,说:"我要扼住命运的喉咙!"也许对他来说,耳聋的时候写音乐并没有别的音乐家那么难。对他来说,音乐不仅是把甜美的声音安排各种主题或音型,它也是表现最深刻的思想的一种语言。

人生智慧

◇我是命运的主人,我主宰我的心灵。

◇命运握在自己的手里!

◇我要扼住命运的喉咙!

靠天靠地，不如靠己

【聊天实录】

我：墨老先生，您对做事情靠自己有何高见？

墨子：我曾在《墨子·天志下》中提到：福不可请。

我：您这句话该如何解释呢？

墨子：这句话的意思就是：福不是请求来的。

我：您的意思是说：当陷入复杂的困境之中时，只有自己能够使自己摆脱困境，只有自己能够救自己，自己才是自己的救世主。

墨子：是的，你说得很对，命是自己掌握的，福祸却是自己招的。不要相信命，只有自己才能拯救自己。

【解读】 ～ 只有自己才能拯救自己 ～

当一个人身处复杂的困境时，自然希望能有一个救世主来解救自己，使自己从困境摆脱出来，这自然可以理解。而且，的确有在我们最困难的时候将我们从困境中解救出来的贵人，但是，这建立在我们必须有信心且努力获救的基础上。否则，即使是万能的上帝，面对一个已彻底放弃、对自己毫无信心的人，也只能徒呼奈何。这种情况也可以套用一句简单的老话，就是外因是变化的条件，内因是变化的基础。

道理很简单，没有内因做基础，多么强的外力也无济于事。鸡蛋所以能孵出小鸡，就因为它是鸡蛋，有能孵出小鸡的基础；而一块石头，再伟大的母鸡也不能从那里孵出小鸡来。

有一个人，把自己多年的积蓄以及全部财产都投资到一种小型制造业上。由于对变化无常的市场把握不当，再加上前几年原料价格不断上涨等原因，他的企业垮了。这时妻子又从原来的单位下岗，他处于绝境之中。他对自己的失败、对自己的那些损失无法忘怀，毕竟那是他们半辈子的心血和汗水，好几次，他都想跳楼自杀，一死了之。

在一个偶然的机会里，他在一个书摊上看到了一本名为《拯救自己》的旧书。让人觉得奇怪的是，这本书教他怎样拯救自己的书却给他带来了希望和重新振作的勇气，他决定找到这本书的作者，希望作者能够帮助他重新站起来。当他找到那本书的作者，讲完了他自己的遭遇，那位作者却对他说："我已经以极大的兴趣听完了你的故事，我也很同情你的遭遇，但事实上，我无能为力，一点忙也帮不上。"

他的脸立刻变得苍白，低下了头，嘴里喃喃自语："这下子彻底完蛋了，一点指望都没有了。"

那那位作者停了片刻，说："虽然我无能为力，但我可以让你见一个人，他能够让你东山再起。"

他立刻跳起来，抓住作者的手，说："看在老天爷的份儿上，请你立刻带我去见他。"

作者站起身，把他领到家里的穿衣镜面前，用手指着镜子说："这个人就是我要介绍给你的人。在这个世界上，只有这个人能够使你东山再起，除非你，否则你只有跳楼了。因为在你对这个人没有充分认识以前，对于你自己或这个世界来说，你都将是没有任何价值的废物。"

他站在镜子面前，看着镜子里的那个满脸胡须的面孔，认真地看着，看着看着他哭了起来。

几个月之后，当那位作者在大街上碰见这个人时，几乎认不出来了。他的脸不再是几十天没刮的样子，脚步也异常轻快，头抬得高高的，衣着也焕然一新，完全是一个成功者的姿态。他对作者说："那一天我离开你家时，只是一个刚刚破产的失败者，我对着镜子找到了自信。现在我又找到一份收入很不错的工作，妻子也重新上岗，薪水也很可观。我想用不了几年，我就会东山再起。"他还风

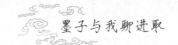

趣地对作者说："也许再过几年，我再去找你，会给你一份报酬，你应得的报酬。因为正是你介绍我认识了我自己，使我对人生又充满了信心。"

客观一些说，那位作者并没有教给这位失意者什么复杂的东西，也没有对他讲复杂的人生道理。他教给他的，是一个非常简单的真理：无论我们陷入了哪一种困境之中，能够使我们真正振作起来，重新恢复生活勇气的，不是复杂的哲学家，也不是浪漫的艺术家，不是你的亲人，也不是你的朋友，而是你自己。

我们在生活中遇到一些事情，使我们陷入某种困境之中。要想使我们解脱出来，没有别的办法，也没有别的什么救世主，只有自己能够救自己！世界上从来就没有什么救世主，只有靠自己，靠自己的信心，靠自己的努力。

求人不如求己

生活上，许多人养成依赖的习惯，小孩子依赖父母、妻子依赖丈夫、下属依赖上司，等等。久而久之，依赖已成定性时，就会扼杀了自我的生存本能。我们将视野再放大，人类不都依赖在这社会之中吗？许多人若没了水、电，或是交通工具，就浑身不自在！因为无法洗澡，无法看电视，无法用电脑，甚至没了车就无法行动，这其实就已经在丧失自我本能了。

寻求别人的帮助，解决问题固然可以轻松一些，可这毕竟不是长久之计，因为别人可能帮我们一时，但帮不了我们一世。况且，求人也不是件容易的事。所以，在遇到困难时，不要轻易去求人，要知道，求人不如求己，靠自己才能拯救自己。

战国时候，秦国派兵攻打韩国的宜阳，韩国形势危急。

韩国的国相公仲朋跟韩国国君商量说："我们的盟国看来都不可靠了，我看不如通过张仪跟秦国讲和，答应割让一个大城市给秦国，并许诺跟秦国一起向南去讨伐楚国。这样，我们就可以解除来自秦国的威胁，把战火引到楚国去了。"

韩王觉得这个主意挺好，就派公仲朋到秦国去讲和。

楚王得到这一消息，十分害怕，就与谋臣陈轸商量对策。

楚王说："韩国派公仲朋去秦国讲和了，我们怎么办？"

陈轸说："绝不能让这种局面出现。我看大王应该赶紧派可靠的人，多带一些车辆和钱币去讨好韩国，对韩王说，我们楚国已经举国上下全面动员，全力支持韩国抵抗秦国，请韩国派使者向秦国表明决不屈服、誓死抵抗的决心。韩王如果不信，就请他派人到楚国来视察我们的军队。"

陈轸

于是，楚王派使者出使韩国。韩王在内心里也不愿屈从秦国，就被说动了，派人到楚国来视察，看见楚王果然调集了大队人马，排列在大路上整装待发。楚王对韩国的使者说："请回去报告你们的国君，敝国的大军很快就会开进贵国，与你们并肩作战，联合抗秦。"

使者回去报告韩王，韩王大喜，赶紧传急令叫公仲朋停止在秦国的和谈。

公仲朋说："不行啊！我们实实在在的危害是来自秦国，楚国只是用虚的口头承诺答应帮助我们。如果我们相信了楚国的虚言而忽视了眼前来自秦国的危险，后果不堪设想！"可是韩王不听。公仲朋只好愤怒地从秦国赶回来，回来后气得一连十天都不肯上朝。

秦国于是加紧了对宜阳的进攻，宜阳越来越吃紧。韩王赶紧派人到楚国去催促楚王出兵，可是派的人去了一拨又一拨，还是不见楚国有一兵一卒过来。最后，宜阳被秦国军队攻克了，韩王这次的失策也给诸侯留下了笑柄。

由此可知，韩国自己不做战守准备，寄希望于其他诸侯国的支援，那是靠不住的，最终只会导致自己国家力量的削弱。

经历就是财富，过程比结果更重要。不要怕困难，不要怕挫折，不要怕失败。没有挫折就没法磨炼意志，没有困难就没法锻炼毅力，没有失败的痛苦就不会有成功的喜悦。无论什么时候都要保持一颗平常心，理智、客观地去看问题、思考问题、处理问题。无论多么困难，心里的希望之火也不能熄灭，要知道最困难的时候就

是最有希望的时候，最寒冷的就是黎明，不要靠天，不要靠地，要靠自己的意志。

永远不要幻想天上会掉馅饼，自己的路自己走，自己的事情自己办，自己的困难自己克服，自己的梦自己圆。要想获得真理和智慧，必须依靠自己认真、潜心的感悟，用自己的身心去体会、体验方能获得，别期待有神仙点化。中国有几句顺口溜说的也是这个意思："天上下雨地上滑，自己跌倒自己爬。亲戚朋友拉一把，酒换酒来茶换茶。"在这个世界上最重要的就是自己，要想解放全人类，首先要解放的是自己，极端一点讲：除了自己谁都不要依靠，其他所有的人都是靠不住的。如果非要找出可以依靠的人那就是父母，他们还可能无怨无悔，不离不弃地为我们付出，但靠父母只能是暂时的、有条件的，因为父母终有离开我们的一天。千万不要把自己的希望寄托在别人身上或寄托在某一件事上，否则我们得到的只有失望，甚至是绝望。事情往往就是这样：在自己最困难的时候，自己认为最可能帮助我们的人可能不会伸出援手；在我们把一切都寄托在某一件事上，期望这件事的成功会改变我们命运的时候，这件事十有八九是失败的。

陶行知先生尝言："淌自己的汗，吃自己的饭，自己的事情自己干，靠天、靠地、靠祖宗，不算是好汉。"这也可以说正是墨子"非命"说的立论宗旨。不要忘了我们的天生本能，因为在必要时就会用到。所以，若是养成依赖的习惯，也要学着适当地靠自己，靠自己就不会再去怨别人，也会更加肯定自己。切记，不要指望外界给予我们什么样的帮助，靠天靠地不如靠我们自己。

人 生 智 慧

◇外因是变化的条件，内因是变化的基础。

◇永远不要幻想天上会掉馅饼。

◇靠天靠地不如靠我们自己。

相信自己，不被左右

【聊天实录】

我：墨老先生，您对相信自己有何高见？

墨子：我曾在《墨子·公孟》中提到：不视人犹强为之。

我：您这句话该如何解释呢？

墨子：这句话的意思就是：不用看他人行事，仍然努力去做。

我：您的意思是说：现在有许多人不能坚持自己正确的想法，受他人的影响而摇摆不定，对成功人生是非常致命的。所以在做任何事之前，都不能受他人影响，要相信自己，相信"我"很重要。

墨子：是的，你说得很对，既然自己喜欢，就不应该因为别人不喜欢，而就不去做，不要受他人影响。

【解读】　　相信自己，我很重要

也许有人这样认为，作为一名普通士兵，与辉煌的胜利相比，并不重要；作为一个单薄的个体，与浑厚的集体相比，并不重要；作为一位奉献型的女性，与整个家庭相比，并不重要；作为随处可见的人的一分子，与宝贵的物质相比，并不重要。但是，我们——简明扼要地说，每一个单独的"我"——到底重要还是不重要？我们是由无数星辰日月草木山川的精华汇聚而成的，只要计算一下我们一生吃进去多少谷物，饮下了多少清水，才凝聚成一具精美绝伦的躯体，我们一定会为那数字的庞大而惊讶。平日里，我们尚要珍惜一粒米、一叶菜，难道可以对亿万粒黍粟，亿万滴甘露濡养出的万物之灵，掉以丝毫的轻心吗？

当我们在博物馆里看到北京猿人窄小的额和前凸的唇时，我们为人类原始时期的粗糙而黯然。他们精心打制出的石器，用今天的目光看来不过是极简单的玩具。如今很幼小的孩童，就能熟练地操纵语言，我们才意识到人类已经在进化之路上前进了多远。我们的头颅就是一部历史，无数祖先进步的痕迹储存于脑海深处。我们是一株亿万年苍老树干上最新萌发的绿叶，不单属于自身，更属于土地。人类的精神之火，是连绵不断的链条，作为精致的一环，我们否认了自身的重要，就是推卸了一种神圣的承诺。

对于我们的父母，我们永远是不可重复的孤本，无论他们有多少儿女，我们都是独特的一个。

假如我们不存在了，他们就空留一份慈爱，在风中蛛丝般飘荡。

假如我们生了病，他们的心就会皱缩成石块，他们会无数次向上苍祈祷，愿我们康复，甚至愿意灾痛以十倍的烈度降临于他们自身，以换取我们的平安。我们的每一滴成功，都如同经过放大镜，进入他们的瞳孔，摄入他们心底。

假如我们先他们而去，他们的白发会从日出垂到日暮，他们的泪水会使太平洋涨潮。面对这无法承载的亲情，我们还敢说我不重要吗？

我们的记忆，同自己的伴侣紧密地缠绕在一处，像两种混淆于一碟的颜色，已无法分开。你原先是黄，我原先是蓝，我们共同的颜色是绿，绿得生机勃勃，绿得苍翠欲滴。失去了妻子的男人，胸口就缺少了生死攸关的肋骨，心房裸露着，随着每一阵轻风战栗。失去了丈夫的女人，如断弦的古琴，每一根琴弦都在雨夜长久地白鸣……

面对同甘共苦的爱人，我们忍心说我不重要吗？

俯对我们的孩童，我们是至高至尊的唯一，我们是他们最初的宇宙，我们是他们深不可测的海洋。假如我们隐去，孩子就永失淳厚无双的血缘之爱，天倾东南，地陷西北，万劫不复。盘子破裂可以粘起，童年碎了，永不复原。伤口流血了，没有母亲的手为他包扎。面临抉择，没有父亲的智慧为他谋略……面对后代，我们有胆量说我不重要吗？

与朋友相处，多年的相知，使我们仅凭一个微蹙的眉尖、一次睫毛的抖动，就可以明了对方的心情。假如我不在了，就像计算机丢失了一份不曾复制的文件，在他的记忆库里留下不可填补的黑洞。夜深人静时，手指在摁了几个电话键码后，骤然停住，那一串数字再也用不着默诵了。逢年过节时，她写下一沓沓的贺卡，轮到我的地址时，她闭上眼睛……许久之后，她将一张没有地址只有姓名的贺卡填好，在无人的风口将它焚化。

相交多年的密友，就如同沙漠中的古陶，摔碎一件就少一件，再也找不到一模一样的成品，面对这般友情，我们还好意思说我不重要吗？

我很重要。我对于我的工作我的事业，是不可或缺的主宰。我的独出心裁的创意，像鸽群一般在天空翱翔，只有我才捉得住它们的羽毛。我的设想像珍珠一般散落在海滩上，等待着我把它用金线串起。我的意志向前延伸，直到地平线消失的远方……

没有人能替代我，就像我不能替代别人。

"我很重要。"我对自己小声说，我还不习惯嘹亮地宣布这一主张，我们在不重要中生活得太久了，"我很重要。"

我重复了一遍，声音放大了一点。我听到自己的心脏在这种呼唤中猛烈地跳动。

"我很重要。"我终于大声地对世界这样宣布，片刻之后，我听到山岳和江海传来回声。

是的，我很重要，我们每一个人都应该有勇气这样对自己说。我们的地位可能很卑微，我们的自身可能很渺小，但这丝毫不意味着我们不重要。

重要并不是伟大的同义词，它是心灵对生命的允诺。

人们常常从成就事业的角度，断定我们是否重要。但我要说，只要我们在时刻努力着，为理想在奋斗着，我们就是无比重要的。

不管我们是否开创轰轰烈烈的事业，不管我们有没有显赫的成就，不管我们是成功还是失败，我们都应该热爱自己的生命，因为生命实在来得不容易，我们不应该轻视自己。

坚持自己，不随波逐流。

第一章

墨子与我聊自强自立

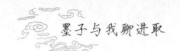

有一个人来到墨子门下，墨子问他为什么不学习，他说："我的族人中没有求学的。"墨子认为这个人不学习的原因极为荒谬，因此讲了上面这番话。墨子这段话的核心意思就是告诫世人：只要是正义之事，做事情一定要坚持自己正确的观点和主张，切不可随波逐流。

然而，现实生活中就是有这样一种人，他们一听到不同的意见，就惶惶然不知所措，随便放弃自己的立场，毫无主见可言。

有这样一个有趣的故事：

爷孙俩骑驴外出，开始时爷爷骑在驴上，孙子徒步，这时遇见几个女人，她们立即指责这位爷爷，怎么能只图自己享受，让自己那么小的孙子走路呢？爷爷一想也对，孩子那么小，是不宜跋涉辛苦的，于是爷爷下驴，换孙子坐了上去。

孙子坐上去还没一会儿，又遇到几个年纪大的人，他们异口同声地责备骑在驴上的孙子，怎么能让胡子已经白了的爷爷走路，而自己却优哉游哉地安享快乐呢？孙子一想，也觉得自己不对，自己年纪轻轻的，却让年迈的爷爷劳累，真是过意不去。于是孙子也从驴上下来，他们干脆两人都不骑驴，一起徒步赶路。

没走一会儿，又遇见几个人，他们嘲笑着说，这爷孙俩真是糊涂，有驴不去骑，却用两条腿赶路，真是蠢笨如驴。这爷孙俩想了想，不无道理，怎么能让人走路，却让天生驮物的畜生闲着呢？于是，这爷孙俩全都骑上了驴。

还没走多远，又遇到一群人，他们又批评道，你看这爷孙俩真不像话，两人都骑在驴背上，不怕把驴压死了吗？畜牲虽是畜牲，好歹也是条命啊！这爷孙俩一听，也觉得没有说错，他们只好又从驴背上下来，然而，这一次他们犯难了，到底该怎么办呢？

一头驴，爷爷坐，孙子坐不成，别人批评爷爷；孙子坐，爷爷坐不成，别人指责孙子；爷孙都不坐，别人说他们蠢得要命；爷孙都坐，别人又说他们糟蹋动物。有驴骑也不是，不骑也不是，这真是莫衷一是，叫人哭笑不得。由此可见，人们对同一件事的看法和态度是多么的不同啊！

事实也的确如此，生活中每个人的知识、教养、经验、所处位置等各不相同，他们也完全会有不同的情感和取向。在这众口难调的世界里，如果一个人没有主心骨，人云亦云，亦步亦趋，没有自己的衡量取舍标准，他将无所适从。

所以，无论做什么事情，都要有自己的主见。当我们认定了一件事，就不能太在意别人的说法和看法，相信自己没有错，为什么害怕别人议论呢？

我们无法改变别人的看法，能改变的只能是我们自己。每个人都有自己的想法，每个人都有自己的见解。讨好每个人是愚蠢的，也是没有必要的。与其一味地把精力花在献媚别人，无时无刻地顺从别人上，还不如把主要精力放在踏踏实实地做人和兢兢业业地做事上。

墨子指出既然喜欢学习，就不应该因为别人不喜欢而就不去做，不要受他人影响，正所谓"走自己路，让别人说去吧"！现在有许多人不能坚持自己正确的想法，受他人的影响而摇摆不定，对成功人生是非常致命的。所以在做任何事之前，你不能受他人影响，要相信自己，相信"我"很重要。

人 生 智 慧

◇因为生命实在来得不容易，我们不应该轻视自己。

◇走自己路，让别人说去吧！

◇要相信自己，相信"我"很重要。

福祸由己，坚持自己

【聊天实录】

我：墨老先生，您对福祸由己有何高见？

墨子：我曾在《墨子·非命中》中提到：不自降天之哉得之。

我：您这句话该如何解释呢？

墨子：这句话的意思就是：吉利并不是上天降下的，而是我们自己得到的。

我：您的意思是说：我们自己才是命运的主宰，我们才是自己灵魂的领导。成功的关键就是我们自己能支配自己，不被环境和他人所左右，如果你想把命运掌握在自己手中。

墨子：是的，你说得很对，福祸不是天注定的，而是你自己能决定的，最关键的是你如何对待。对一个奋进的人来说，命运永远掌握在自己手中。

【解读】　　　　　　**成大事者坚信自己**

柏拉图石膏像

希腊的柏拉图学园里，有个三十多岁的年轻人在院子里走来走去，他低着头，嘴里不停地嘟囔着，一边嘟囔，还一边摇头，看上去，有个重大问题正困扰着他。

这个年轻人叫亚里士多德，他十七岁的时候就被父亲送到当时最著名的大学问家柏拉图那里学习了。亚里士多德学习非常勤奋，人也很聪明，很喜欢钻研，他从老师那里学到很多知识，还看了很多书，有些书连柏拉图都没有看过，很快，他就成为柏拉图学园里学问最渊博的人，大家都说："有什么问题不懂，就去问亚里士多德吧，他肯定知道。"所以，其他同学都很敬佩他，老师柏拉图也很喜欢他。

但是最近一段时间，聪明渊博的亚里士多德被一个问题困惑住了，而且整个柏拉图学园里没有人能帮助他。究竟是一个什么问题让亚里士多德这么困惑呢？

原来，自从亚里士多德一进柏拉图学园，老师柏拉图就把自己的理论教授给了他。柏拉图认为人的理念才是最真实的存在，我们看见的树木、花草啊，只不过是我们脑子里想象的树木、花草的模仿，而我们制造出的房子、车子，更是模仿的模仿，所有柏拉图的学生都把老师的理论当作真理，从来都没有人怀疑过。随着看的书越来越多，思考的问题越来越深入，亚里士多德就越来越怀疑老师说的是不是正确。一棵树就是一棵树，是实实在在存在的一棵树，看得见，摸得着，怎么就不是真实的呢？应该先有现实世界中的树，才有思想中的树啊，现实的怎么会反成为思想的模仿呢？

亚里士多德认真地思考着这个问题，终于有一天，他向老师柏拉图提出了自己的疑问。柏拉图想了一下，没有回答亚里士多德的问题，反而说："我看啊，要给你的思想戴上缰绳，不然，你会越跑越远，思想不受控制啦，很危险！"

亚里士多德见老师这样回答，就没有再追问，旁边的同学指责他说："亚里士多德，你怎么能怀疑老师的观点呢，要知道，老师是绝对正确的！你这样对老师非常不尊敬！"

亚里士多德摇摇头，坚定地说："我爱老师，但我更爱真理！"

后来，亚里士多德就凭着这样的精神，成为举世闻名的大学问家。

做人要有原则，这是为人处世、立身社会的根本。

"我爱老师，但我更爱真理！"这是亚里士多德的为学态度，也是他做人的原则。老师与真理孰轻孰重，在他心中经络分明，是绝不能颠倒混淆的，而这坚定的做人原则，也成就了他一代哲学大师的伟名。

古人云："成大功者，不谋于众；论至德者，不合于俗。"其实，在很多时候，人往往受一种从众心理的影响和支配，故而不能坚持自己正确的观点和看法，这是人性的弱点。做人不能没有原则，一定要坚信自己，福祸都掌握在自己的手中。

❧　祸福由己，坚持自己　❧

我们必须面对这样一个奇怪的事实，在这个世界上，成功卓越者少，失败平庸者多。成功卓越者活得充实、自在、潇洒，失败平庸者过得空虚、艰难、猥琐。

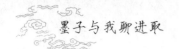

成功者相信命运掌握在自己的手中，所以他勤奋不辍；失败者相信命运天注定，所以他等待幸运的光临。

其实，我们自己才是命运的主宰，我们才是自己灵魂的领导，成功的关键就是我们自己能支配自己，不被环境和他人所左右。如果我们想把命运掌握在自己手中，就必须做到以下几点：

第一，拥有一个良好的心态。心态是我们命运的控制塔。

任何成功者都不是天生的，成功的根本原因是开发了人无穷无尽的潜能，只要抱着积极心态去开发自己的潜能，就会有用不完的能量，我们的能力就会越用越强，相反，如果抱着消极心态，不去开发自己的潜能，那我们只有叹息命运不公，并且越消极越无能！

积极的心态之所以会使人心想事成，走向成功，正是因为每个人都有巨大的潜能等待我们去开发，消极的心态之所以会使人怯弱无能，走向失败，也正是因为它使人放弃了伟大潜能的开发，让潜能在那里沉睡、白白浪费。如果我们愿意付出代价，使用积极的心态的话，我们就能成为我们想要成为的那种人。不管我们过去的经历、才智、智商或环境如何，这种因果关系都是真实的。记住：我们有选择权利。

第二，拒绝恐惧。

若不是逼自己走向贫穷、悲哀与失败，就是正引导着自己攀向成功的最高峰，这完全取决于我们是采取哪一种想法。恐惧是积极心态的敌人，恐惧给我们造成很大的压力，促使身体过度劳累，可怕的恐惧感对人们压迫得如此厉害，以至于使人变得盲目并迷失在各种冲突与欲望的纠缠中。

在恐惧所控制的地方，是不可能获得任何有价值的成就的。

第三，拒绝自卑。

我们自己就是我们自己，不必"像"别人，也无法"像"别人。要想不被周围的环境所俘虏，走出自卑，就需要敢于面对挑战，迎接它，战胜它，超越它。我们是与生俱来的冠军，无论妨碍我们的是何等的困难和不幸，但与生命形成时所克服的困难比较起来，前者还不及后者的十分之一，对于活着的人，胜利乃是内藏的。

第四，挑战挫折。

不管是暂时性的挫折还是逆境，都应当不会在一个人的意识中成为失败的理由，只要这个人把挫折当作是一种教训。事实上，在每一种逆境及每一个挫折中都存在着一个持久性的教训，而且通常来说，这种教训是难以以挫折以外的其他方式获得的。

对于一个不断进取的人来说，一次次的挫折就像是一只看不见的慈祥之手，阻挡我们的错误路线，并以伟大的智慧强迫我们改变方向，向着我们特定的有利方向前进。只有把挫折当作失败来加以接受时，挫折才成为一股破坏性的力量；如果把它当作教导我们的老师，那么，它将成为一种祝福。

人 生 智 慧

◇对一个奋进的人来说，命运永远掌握在自己手中。

◇我们自己才是命运的主宰，我们才是自己灵魂的领导。

◇"成大功者，不谋于众；论至德者，不合于俗。

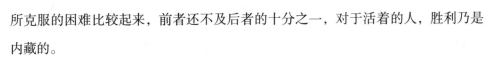

第章

墨子与我聊信念意志

　　"言必信，行必果，使言行之合，犹合符节也，无言而不行也。"这段话告诉大家：做人要言必信，行必果，表里如一，身体力行。

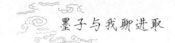

拥有信念，改变命运

【聊天实录】

我：墨老先生，您对信念改变命运有何高见？

墨子：我曾在《墨子·非命》提到：政哉，无天命。

我：您这句话该如何解释呢？

墨子：这句话的意思就是：要虔敬，不要相信天命。

我：您的意思是说：所谓的天命都是掌握在自己的手中的，只要相信自己，你就能改变命运。

墨子：是的，你说得很对，每个人的命运都是能靠自己改变的，只要自己拥有这个信念。

【解读】 ❧ 坚持信念，成就自己 ❧

罗杰·罗尔斯是美国纽约州历史上第一位黑人州长，他出生在纽约声名狼藉的大沙头贫民窟，这里环境肮脏，充满暴力，是偷渡者和流浪汉的聚集地。在这儿出生的孩子，耳濡目染，从小逃学、打架、偷窃甚至吸毒，长大后很少有人从事体面的职业。然而，罗杰·罗尔斯是个例外，他不仅考入了大学，而且成了州长。

在就职的记者招待会上，一位记者对他提问：是什么把你推向州长宝座的？面对三百多名记者，罗尔斯对自己的奋斗史只字未提，只谈到了他上小学时的校长——皮尔·保罗。

1961年，皮尔·保罗被聘为诺必塔小学的董事兼校长。当时正值美国嬉皮士流行的时代，他走进大沙头诺必塔小学的时候，发现这儿的穷孩子比"迷惘的一代"还要无所事事。他们不与老师合作，旷课、斗殴，甚至砸烂教室的黑板。皮尔·保罗想了很多办法来引导他们，可是没有一个是奏效的。后来他发现这些孩子都很迷信，于是在他上课的时候就多了一项内容——给学生看手相。他用这个办法来鼓励学生。

当罗尔斯从窗台上跳下，伸着小手走向讲台时，皮尔·保说："我一看你修长的小拇指就知道，将来你是纽约州的州长。"当时，罗尔斯大吃一惊，因为长这么大，只有他奶奶让他振奋过一次，说他可以成为五吨重小船的船长。这一次，皮尔·保罗先生竟说他可以成为纽约州的州长，着实出乎他的预料，他记下了这句话，并且相信了它。

从那天起，"纽约州州长"就像一面旗帜，罗尔斯的衣服不再沾满泥土，说话时也不再夹杂污言秽语，他开始挺直腰杆走路，在以后的四十多年间，他没有一天不按州长的身份要求自己。五十一岁那年，他终于成了州长。

在就职演说中，罗尔斯说："信念值多少钱？信念是不值钱的，它有时甚至是一个善意的欺骗，然而你一旦坚持下去，它就会迅速升值。"

俗话说：滴水可以穿石，锯绳可以断木。如果三心二意，即使是天才，也终有疲惫厌倦的一天。有恒心的人能笑到最后，耐跑的马才会脱颖而出。

信念 + 努力 = 成功

有个法国人叫罗迪，他把一个月辛辛苦苦挣来的钱输在了赌桌上，现在他一文钱也没有，颓丧地走在大街上，家里生病的老母亲正在等着他，一想到这些，他真想去抢银行，他觉得他已经没有出路了，他的精神已经快要崩溃了。正在这个时候，大街上一位算命的先生叫住了他，要给他算一命。"反正我也没有钱。"罗迪这样想着向算命的走去。他想算一下他的将来，结果那个算命的告诉他："你知道不知道，你是拿破仑转世。你以后的路会有很多苦头吃，但你不会怕苦头的，因为有成功在等待着你。"拿破仑在法国是公众心中的偶像，罗迪觉得如果自己真是拿破仑在世，就应该有一番大的作为，于是他买来了许多关于拿破仑的书籍，入迷地阅读起拿破仑的传记。然后，他借了一点儿钱，开始创业。创业的时候困难不期而至，但困难并没有让罗迪退缩，因为算命的说了，以后的路会有很多苦头，只要不怕苦头，就有成功在等待着他。于是罗迪乐观而积极努力地去做每一件事情，他在挫折面前百折不挠。若干年后，罗迪成了法国知名的企业家，他的资产排在法国大富翁的前几名。

当有人采访他的时候，他把这个算命的故事讲给记者们听。他讲完了这个故事以后，很平淡地说："我相信那个算命的肯定不记得他对一个年轻人说过的这一句话，因为算命的只是看到我当时的颓丧而想帮助我，但他的话无意中给我勾勒了一个自己更为完美的形象，这么多年来，我一直是在模仿那个算命先生所虚拟的另一个完美的自己，最终取得了成功。"

信念能够在人身上产生巨大的力量和勇气，任何困难都能够克服。同时，信念会在一个人的心里展开一幅未来美丽的图画，从而心里会升起希望，正是这种希望，使人在挫折和困境面前不会屈服，能够坚持下去，取得最终的成功。

成功，是人人都渴望的，但是坚持不达到目标不罢休的信念，以及为到达成功彼岸而付出一系列的努力，却不是人人都能做到的。

美国西部的一个小乡村，一位家境清贫的少年在十五岁那年，写下了他气势非凡的"一生的愿望"："要到尼罗河、亚马孙河和刚果河探险，要登上珠穆朗玛峰、乞力马扎罗山和麦金利峰，驾驭大象、骆驼、鸵鸟和野马，探访马可·波罗和亚历山大一世走过的道路，主演一部《人猿泰山》那样的电影，驾驶飞行器起飞降落，读完莎士比亚、柏拉图和亚里士多德的著作，谱一部乐曲，写一本书，拥有一项发明专利，给非洲的孩子筹集一百万美元捐款……"

他洋洋洒洒地一口气列举了127项人生的宏伟志愿，不要说实现它们，就是看一看，就足够让人望而生畏了。

少年的心却被他那庞大的毕生的愿望鼓荡得风帆劲起，他的全部心思都已被那"一生的愿望"紧紧地牵引着，并让他从此开始了将梦想转为现实的漫漫征程，一路风霜雪雨，硬是把一个个近乎空想的夙愿，变成了一个个活生生的现实，他也因此一次次地品味到了搏击与成功的喜悦。四十四年后，他终于实现了一生愿望中的 106 个愿望……

他就是 20 世纪著名的探险家约翰·戈达德。当有人惊讶地追问他是凭着怎样的力量，让他把那许多注定的"不可能"都踩在了脚下，他微笑着如此回答："很简单，我只是让心灵先到达那个地方，随后，周身就有了一股神奇的力量，接下来，就只需沿着心灵的召唤前进了。"

透过《心灵先到达那个地方》这个故事，我们看到了探险家约翰·戈达德，用自己的生活演绎了一条公式：信念＋努力＝成功。

首先，我们要有达到成功的信念，并在心灵深处坚持不懈，那么，就有了良好的起始，有了源自心底的动力。这就好比心里嵌上了火红的太阳，还会惧怕表面上的雪雨风霜吗？

再就是努力，如果约翰·戈达德仅仅是抱着他那气势非凡的"一生的愿望"想入非非，他能在四十四年内实现其中的 106 个愿望？锁在抽屉里的理想蓝图是座空中楼阁，我们要把"许多注定的'不可能'踩在脚下"，就得对自己的理想付出努力。

信念＋努力＝成功，这就是 20 世纪著名探险家约翰·戈达德给我们的启示。

人生智慧

◇滴水可以穿石，锯绳可以断木。

◇信念能够在人身上产生巨大的力量和勇气，任何困难都能够克服。

◇信念＋努力＝成功。

坚持到底，就能胜利

【聊天实录】

我：墨老先生，您对坚持就能胜利有何高见？

墨子：我曾在《墨子·公孟》中提到：事无终始，无务多业。

我：您这句话该如何解释呢？

墨子：这句话的意思就是：做一件事情有始无终，就不必谈起从事多种事业。

我：您的意思是说：成功不在于力量的大小，而在于能坚持多久。只要锲而不舍地坚持到底，那么，就能取得成功。

墨子：是的，你说得很对，做任何事情都要坚持到底，累了，就歇在路边的人是不会得到胜利的，因为耐心和持久胜过激烈和狂热。

【解读】 ## 坚持不懈才能成就自己

美国的一家著名的管理研究机构进行了一次大规模的调查，通过对十万从业者的调查研究发现：那些专心于自己的工作和事业的人更容易取得成功，而那些经常转换工作或者人生目标的人，则大部分发展得并不尽如人意。

尤其是像企业的高层管理人员，专注于自己行业而取得成功的占98%以上，而那些靠转换工作或者所谓的寻找机会做上管理者的几乎无所作为。

对于那些没有恒心和毅力的人，他们对任何事情往往缺乏专注的态度，也就不可能有敬业的精神，这样的人任何一位老板或者客户都不会喜欢他。

对工作和事业的专注是一个优秀人才应具有的起码职业道德，因为只有毅力和专注才可以改变一个人的现状，使他一步步到达辉煌的顶峰。相反，那些这山望着那山高的人，功亏一篑便是他们最终的归宿。

1823年，瑞典化学家柏济力阿斯收到了维勒的一封信，这位二十三岁的德国化学博士诚恳地要求拜师学习，柏济力阿斯接受了这位弟子。维勒聪明敏捷，领悟新事物的能力很强，也能提出一些创造性的新点子，他做实验很快，但比较粗心，柏济力阿斯经常告诫他做实验要专注于实验目的，把实验的准确性放在第一位，可是维勒依然我行我素。

一年以后，维勒告别严师，回到德国从事化学教学与研究。1830年维勒在分析墨西哥出产的一种铅矿石时，发现一种特殊的沉淀物，他断定，这种铅矿中有一种还没有被人发现的新元素。

可是虽然有了这样的想法，令人遗憾的是他并没有专注于继续研究，找出这种新元素上，他没有继续深入研究，而是轻易地把它放到了一边。

第二年，柏济力阿斯的另一个学生、瑞典化学家塞夫斯德朗发现了这一新元素——钒。钒的原意是希腊神话中一位女神凡娜第丝的名字。

维勒非常懊悔，这一唾手可得的新发现从他手边溜走了。他把事情的经过写信告诉老师柏济力阿斯，不久便收到了老师一封风趣而意味深远的回信：在北方极远的地方，有一位叫作凡娜第丝——'钒'的女神。有一天，来了一个人敲这女神的门。

女神没有马上去开门，想让那个人再敲一下，结果那敲门的人转身就回去了。

这个人对于是否被请进去，显得满不在乎。

女神觉得奇怪，就奔到窗口去瞧瞧那位掉头而去的人：'原来是维勒这家伙！他空跑一趟是应该的，如果他不那么急躁，能专注一点，他就会被请进来的。'

不久，又有一个敲门的人来了，因为这次他很热心地、执着地敲了很久，女神只好把门开了。

这个人就是塞夫斯德朗，他终于发现了"钒"。

维勒缺乏深入钻研精神，使他失去了一次重大发现。从此，他记取这一教训，专心致志地深入进行化学研究，终于用辛勤的劳动和汗水，敲开了一座座女神之门，成为德国著名的化学家。

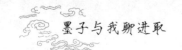

在工作或者开创事业的过程中，人们总会遇到许多困难和棘手的事情，要想取得成功，更离不开像大象一样脚踏实地、专注向前的精神。一个管理者要想在公司里干一番大事业，获得同事的支持，下属的拥戴，上司的重用，更是离不开专注的精神。

只有在工作中全神贯注，我们才能够越过重重障碍，也才能发挥出我们所具有的一切长处，并且最大限度地调动起自己的潜能，向着成功的目标迈进，否则的话，即使成功来到了我们的面前，我们也会与它擦肩而过。

一句话，只有锲而不舍，我们才能敲开成功的大门，步入胜利者的殿堂。我们可以把自己比作是一个烧水工，现在有太多的人不能够把一壶水烧开，很多人都是烧到60℃就撒手了。还有不少的人是这壶水没有烧开，又跑去烧别的壶。这些人本来是很有才华、可以有些作为的，可是到了最后却一事无成，终究其原因就是因为缺少把一壶水烧到底的专注精神！

苏格兰有句谚语："再好的猎犬也不可能同时追两只兔子"，说的就是一个人需要专注地来做每一件事情的道理。我们要想烧一壶开水，首先要定位，看看自己到底有什么过人之处，看自己到底有什么潜能，至少应该看看自己的兴趣何在。常常有这样的情况，一个太过优秀的人，总是认为壶壶水都值得烧，壶壶都可能烧得开，这样见异思迁，终究一事无成。

如果我们能做到专一地烧开一壶水，用恒心和毅力将工作做到善始善终，那么，我们不就成功了吗？

一个人想干成任何大事，都要能够坚持下去，坚持下去才能取得成功。说起来，一个人克服一点儿困难也许并不难，难得是能够持之以恒地做下去，直到最后成功。

在基督降生300年以前，一位希腊大政治家，给予了我们一个关于坚持不懈这一优良品质的很好例子。

德摩西尼斯天生就是一个声音微弱、吐字不清而又气喘的人，尤其是"R"这个字母他怎么也说不清楚，而且他的发音也很糟糕。

传说他为了克服这些齿唇上的缺憾，便把石子含在嘴里练习。他站在法利蓝的海滨，想把滔滔波浪喊得平静下来。他向山上跑时便开始背诵，练习一口气念好几行字，他站在镜子面前演讲，以矫正自己的姿势。当他站起来面对大众演讲时，他已经经历了无数次的失败。当他第一次尝试当众演讲时，他的语句全混乱了，听众们都放声大笑。为了培养自己的演讲才能，他特意建了一个地洞，每天在里面练习他的声音和演说的姿势，每次练习总是持续两三个月。他还将自己的头发剃去了半边，以此来抗拒自己想上街的欲念。

他的坚持终于取得了结果，德摩西尼斯成为自古以来最伟大的演说家之一。

这样的例子太多了，成功者都是为了自己的目标，坚持不懈，都有一股不达目的不罢休的良好心态，林肯是这样，德摩西尼是这样，爱迪生也是这样，莱特兄弟更是这样，但凡有所成就的人，都具备这样一种良好的心态。

坚持下去就会成功

林肯

1832 年，林肯失业了，这显然使他很伤心，但他下定决心要当政治家，当州议员，糟糕的是，他竞选失败了。在一年里遭受两次打击，这对他来说无疑是痛苦的。

接着，林肯着手自己开办企业，可一年不到，这家企业又倒闭了。在以后的 17 年间，他不得不为 偿还企业倒闭时所欠的债务而到处奔波，历经磨难。

随后，林肯再一次决定参加竞选州议员，这次他成功了。他内心萌发了一丝希望，认为自己的生 活有了转机："可能我可以成功了！"

1835 年，他订婚了，但离结婚的日子还差几个月的时候，未婚妻不幸去世，这对他精神上的打击 实在太大了，他心力交瘁，数月卧床不起。1836 年，他得了精神衰弱症。

1838年，林肯觉得身体良好，于是决定竞选州议会议长，可他失败了。1843年，他又参加竞选美国国会议员，但这次仍然没有成功。

林肯虽然一次次地尝试，但却是一次次地遭受失败：企业倒闭、情人去世、竞选败北。要是你碰到这一切，你会不会放弃？放弃这些对你来说是重要的事情？

林肯没有放弃，他也没有说："要是失败会怎样？"1846年，他又一次参加竞选国会议员，他又一次参加竞选国会议员，最后终于当选了。

两年任期很快过去了，他决定要争取连任。他认为自己作为国会议员表现是出色的，相信选民会继续选举他，但结果很遗憾，他落选了。

因为这次竞选他赔了一大笔钱，林肯申请当本州的土地官员，但州政府把他的申请退了回来，上面指出："做本州的土地官员要求有卓越的才能和超常的智力，你的申请未能满足这些要求。" 接连又是两次失败。在这种情况下我们会坚持继续努力吗？我们会不会说"我失败了"？ 然而，林肯没有服输。1854年，他竞选参议员，但失败了；两年后他竞选美国副总统提名，结果被对手击败；又过了两年，他再一次竞选参议员，还是失败了。

林肯一直没有放弃自己的追求，他一直在做自己生活的主宰。1860年，他当选为美国总统。

一个人想干成任何大事，都要能够坚持下去，坚持下去才能取得成功。说起来，一个人克服一点儿困难也许并不难，难得是能够持之以恒地做下去，直到最后成功。

《简爱》的作者曾意味深长地说：人活着就是为了含辛茹苦。人的一生肯定会有各种各样的压力，于是内心总经受着煎熬，但这才是真实的人生。确实，没有压力就会轻飘飘的，没有压力肯定没有作为。选择压力，坚持往前冲，自己就能成就自己。

人生有许多"柳暗花明又一村"的时候。在成长的过程中特别是幼年时代，遭受外界太多的批评、打击和挫折，于是奋发向上的热情、欲望被"自我设限"压制封杀，而又没有得到及时的疏导、排解与鼓励。既对失败惶恐不安，又对失败习以为常，丧失了信心和勇气，渐渐养成狭隘、自卑、孤僻、害怕承担责任、不思进取、不敢拼搏的精神面貌，从而失去了自己的梦想。这样的性格，在生活中最明显的表现就是随波逐流，没有人生的目标。与生俱来的成功火种过早地熄灭了。

曾经的失败并不意味着永远的失败，曾经达不到的目标并不意味达永远达不到，我们可以有自己的梦想，我们可以为自己的人生树立一个目标。

过去可以决定现在，但不能决定未来。我们的目标是为未来所设定，我们在为我们的未来做出选择。过去不等于未来，过去我们成功了，并不代表未还会成功；过去不失败了，也不代表未来就失败。过去的成功或是失败，那只代表过去，未来是靠现在决定的。现在干什么，选择什么，就决定了未来是什么！失败的人不要气馁，成功的人也不要骄傲。成功和失败都不是最终的结果，它只是人生过程的一件事。因此，这个世界上不会有一直成功的人，也没有永远失败的人。

在日常生活中，一个绝境就是一次挑战、一次机遇，如果不是被吓倒，而是奋力一搏，也许就会因此而创造超越自我的奇迹。

人生智慧

◇成功不在于力量的大小，而在于能坚持多久。

◇选择压力，坚持往前冲，自己就能成就自己。

◇人生有许多"柳暗花命又一村"的时候。

为所难者，必得所欲

【聊天实录】

我：墨老先生，您对为所难者必得所欲有何高见？

墨子：我曾在《墨子·亲士》中提到：里故为其所难者，必得其所欲焉。

我：您这句话该如何解释呢？

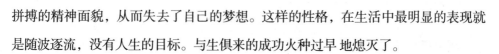

墨子：这句话的意思就是：能够做艰难困苦事情的人，就一定能得到他所想要达到的目的，得到他所想要的东西。

我：您的意思是说：人只有经历了艰难困苦的考验，才能成为君子，成为辅助国君治理好国家的贤才。

墨子：是的，你说得很对，未闻为其所欲，而免其所恶者也。

【解读】 征服苦难，获取成功

不论是在墨子所处的古代，还是在21世纪的今天，不论是做什么事情，要达到何种目标，都需要经历了磨难之后，才能得到好的结果，这是一条颠扑不灭的真理。

不经历风雨，难得见到彩虹。只有那些能够直面困难、从困难事情做起的人，才终究会实现自己的愿望，得到自己想要的结果。如果在遭遇艰难困苦的时候，临阵退缩，毫无进取之心，甘心被困难所折服，那么这样的人是什么事情都做不成功的。

人生存于世间，就需要具备一些与磨难斗争、抗衡的勇气和意志，毕竟经历了与困难而战的人生才会更加充实和美丽。

有位哲人说过："世界荣誉的桂冠，都是荆棘编织而成的。"

俄国作家列夫·托尔斯泰说："人生不是一种享乐，而是一桩十分沉重的工作。"月有阴晴圆缺，人有旦夕祸福。人生不可能永远一帆风顺，人生旅程中，如同穿越崇山峻岭，时而风吹雨打，困顿难行，时而雨过天晴，鸟语花香。当苦难当道时，有的人自怨自艾，意志消沉，从此一蹶不振；而有的人则不屈不挠，与苦难做斗争，他们才是生活的强者。

苦难是人生的必修课，强者视它为垫脚石，视它为一笔财富，弱者视苦难为绊脚石、万丈深渊，被它压垮。天将降大任于人，必先苦其心志。苦难是人生的沃土，是磨炼意志的试金石。不经三九苦寒，哪来傲雪梅香？没有曹雪芹贫困潦倒的磨难，哪里会有《红楼梦》？司马迁不忍受宫刑，就不会有举世不朽的《史记》；没有苦难，就没有激励几代人的《钢铁是怎样炼成的》。苦难从古至今都是人生的一笔宝贵财富，勇者在苦难面前永远都不会低下高贵的头。

"经营之神"松下幸之助从不向命运低头：9岁时，因为家境贫困，他不得不外出赚取生活费。他远赴大阪谋职，母亲为他准备好行囊，并送他到车站。临行前，母亲饮泣地向同行的人诚恳地拜托："这个孩子要单独去大阪，请各位在旅途中多多关照。"母亲悲凄的背影给他留下了深刻的印象。

不久，松下幸之助来到大阪，在船场火盆店当学徒，从此开始了艰苦的谋生。小小年纪，远离亲人，在那个陌生的世界里他感到孤单无助，似乎丧失了生活的信心。

有一次，店主叫住他，递给他一个五钱的白铜货币，说是薪水。他吃惊极了，他从来没有见过五钱的白铜货币，这对穷人家的孩子来说，是一个相当可观的数目。报酬激起了他工作的狂热，也扬起了他奋斗的风帆。

靠着不可思议的欲望的支持，他变得更坚强。他不辞辛苦地打杂，磨火盆，有时，一双手被磨得皮破血流，连提水打扫的活儿都干不了，但他咬牙挺了下来。渐渐地，松下幸之助掌握了自己的命运。

天是公平的，他在把苦难撒向人间的时候，往往准备好了厚重的回报等着勇士去拿。当苦难不期而至时，我们要视苦难为财富、为机遇，向它宣战。当你成功地征服它之后，就能拿到属于自己的回报，捧起金灿灿的奖杯，真切地感受到生活的甘甜、人生的价值。

设定目标，坚持到底

"基督教信仰疗法"的创造人玛丽·贝克·艾迪，曾一度认为生命中没有幸福和快乐等美好的东西，只有疾病、愁苦和不幸。她的前任丈夫在婚后不久就不幸去世，第二任丈夫又无情地将她抛弃，她只有一个儿子，却由于她这位母亲贫病交加，自身难保，不得不在儿子4岁那年把他送给别人代养，后来儿子下落不明，长达31年母子无法相见……一连串的打击，让玛丽·贝克·艾迪对生活充满了绝望，时常涌现轻生的念头。

可是在麻省理安市的一天，她的命运发生了戏剧性的变化。那天很冷，她在城里走路时突然摔倒在结冰的路面上，脊椎发生扭曲，使她不停地痉挛，结果昏了过去。医生认为她将不久于人世，即使奇迹出现让她活过来，她也绝对不能再走路了。

玛丽·贝克·艾迪不想在床上结束自己的生命，于是用《圣经》来唤醒体内神奇的力量。她后来说，她读到马太福音里的句子："有人用担架抬着一个瘫子到耶稣跟前诉苦……耶稣对瘫子说，放心吧，你的罪赦了……起来，拿你的褥子回家去吧。那人就站起来，回家去了。"

她后来说，耶稣的这几句话使她产生了一种力量、一种信仰、一种能够医治她的力量，使她"立刻下了床，开始行走"。

"这种经验，"艾迪太太说，"就像引发牛顿灵感的那枚苹果一样，让我找到了好起来的方法以及怎样也能使别人做到这一点……我可以很有信心地说，一切的原因就在你的信念，而一切的影响力都是心理现象。"

卡耐基并不是这个教派的信徒，但他一直深信信念的力量。从事成人教育的35年经验使卡耐基明白男人和女人都能够消除忧虑、恐惧和很多疾病，只要改变自己的信念，就能改变自己的生活。

当然，立志仅仅是第一步，高远的志向若不化为脚踏实地的行动，还是空谈。一分辛苦一分收获，显赫成就的背后，都是辛勤的付出。

在科技发展的历史上，很多著名人士都是紧紧抓住一个目标不放松，最终取得成功的。法国昆虫学家法布尔这样劝告一些爱好广泛而收效甚微的青年，他用一块放大镜示意说："把你的精力集中放到一个焦点去试一试，就像这块凸透镜一样。"这实际是他个人成功的经验之谈。他从年轻的时候起就专攻"昆虫"，甚至能够一动不动地趴在地上仔细观察昆虫长达几个小时。我国著名气象学家竺可桢也是一个目标聚焦的践行者，他观察记录气象资料长达三四十年，直到临终的前一天，还在病床上做了当天的气象记录。

一个人一旦确立了目标，就该紧抓着这个目标，本着咬定青山不放松的态度，一步一个脚印去实现，才能真正有所成就。

我国著名的科普作家高士其在他人生的艰难征途上走过八十三个年头，从1928年他在芝加哥大学医学研究院的实验室做试验，小脑受到甲型脑炎病毒感染起，他同病魔顽强地斗争了整整六十年。在1939年全身瘫痪之前，他根据自己的健康状况和所拥有的较全面的医学、生物学知识，坚定地选择"科普"作为自己的事业。他是一位科学家，又成了一位杰出的科普作家和科普活动家。他在全身瘫痪、手不能握笔、腿不能走路，连正常说话的能力也丧失，口授只有秘书听得懂的艰难情况下，从事科普创作五十多年，用通俗的语言、生动的笔调、活泼的形式写了大量独具风格的科普作品。

小刘就读于一所重点大学，在学校里非常优秀。大学毕业后，在一家航空公司上班，他决心要干出样子来，果然精明能干的他很快就被提升为部门经理。随着交际面的拓宽，他涉足了其他一些领域，他发现做证券生意很赚钱，又决定在证券业发展，就在上班之余和几个朋友合伙办了个证券公司，赚了一笔钱。尝到甜头不久，他又瞄上了药材生意，生意也不错，他的目光又转向了下一个目标，短短几年时间，他就涉足多个领域，但都是浅尝辄止，志向也是变来变去，后来，他一事无成。

他不由感慨地说："我现在才明白过来，再也不想着要做多少多少事情了，就从一件做起，就向一个目标努力。"此时他唯一的出路是重新调整目标，选中一个方面前进，他选择了房地产业，熬过一程艰难岁月，终于东山再起，成为一位成功的房地产商。

要想成功需要坚定的信念，善始善终，只有坚持才能经受住艰难困苦，也才能获得自己想要的东西。

人生智慧

◇世界荣誉的桂冠，都是荆棘编织而成的。

◇勇者在苦难面前永远都不会低下高贵的头。

◇要想成功需要坚定的信念，善始善终。

言信行果，处世之道

【聊天实录】

我：墨老先生，您对言行一致有何高见？

墨子：我曾在《墨子·兼爱下》中提到：言必信，行必果，使言行之合，犹合符节也，无言而不行也。

我：您这句话该如何解释呢？

墨子：这句话的意思就是：说话一定要讲信用，做事一定要果断，要使讲话和做事一致，就如同使符节相合一样毫无间隙，不要只说不做。

我：您的意思是说：人们要以相爱来取代相恶，厌恶别人的人，别人也会厌恶他，给别人带来伤害的人，别人也会反过来伤害他。

墨子：是的，你说得很对，兼相爱、交相利。

【解读】 ❧ 信守诺言，勇于认错 ❧

皇甫绩是隋朝有名的大臣，他三岁的时候父亲就去世了，母亲一个人难以维持家里的生活，就带着他回到娘家住。外公见皇甫绩聪明伶俐，又没了父亲，因

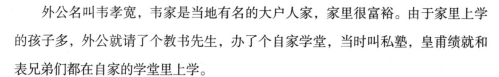

此格外疼爱他。

外公名叫韦孝宽，韦家是当地有名的大户人家，家里很富裕。由于家里上学的孩子多，外公就请了个教书先生，办了个自家学堂，当时叫私塾，皇甫绩就和表兄弟们都在自家的学堂里上学。

外公是个很严厉的老人，尤其是对他的孙辈们，更是严加管教。私塾开学的时候，就立下规矩，谁要是无故不完成作业，就按照家法重打二十大板。

有一天，上午上完课后，皇甫绩和他的几个表兄躲在一个已经废弃的小屋子里下棋，一贪玩，不知不觉就到了下午上课的时间，大家都忘记做教师上午留的作业。

第二天，这件事被外公知道了，他把几个孙子叫到书房里，狠狠地训斥了一顿，然后按照规矩，每人重打二十大板。

外公看皇甫绩年龄最小，平时又很乖巧，再加上没有爸爸，不忍心打他。于是，就把他叫到一边，慈祥地对他说："你还小，这次我就不罚你了。不过，以后不能再犯这样的错误。不做功课，不学好本领，将来怎么能成大事？"

皇甫绩和表兄们相处得很好，小哥哥们都很爱护他，看到小皇甫绩没有被罚，心里都很高兴。可是，小皇甫绩心里很难过，他想：我和哥哥们犯了一样的错误，耽误了功课，外公没有责罚我，这是心疼我。可是我自己不能放纵自己，应该也按照私塾的规矩，被重打二十大板。

于是，皇甫绩就找到表兄们，求他们代外公责打自己二十大板。表兄们一听，都扑哧一声笑了出来。皇甫绩一本正经地说："这是私塾里的规矩，我们都向外公保证过触犯规矩甘愿受罚，不然的话就不遵守诺言。你们都按规矩受罚了，我也不能例外。"

表兄们都被皇甫绩这种信守学堂的规矩，诚心改过的精神感动了，于是，就拿出戒尺打了皇甫绩二十大板。

后来皇甫绩在朝廷里做了大官，但是这种从小养成的信守诺言、勇于承认错误的品德一直没有丢，这使得他在文武百官中享有很高的声望。

守信，是中华民族的优秀文化传统之一，自古以来，中国人都十分注重讲信用，守信义。清代顾炎武曾赋诗言志："生来一诺比黄金，哪肯风尘负此心。"表达了自己坚守信用的处世态度和内在品格。中国人历来把守信作为为人处世、齐家治国的基本品质，言必行，行必果。

中国古人有言："君子以诚信为本，小人以趋利为务。"可见，处之本，在于诚信。为人处世决不能见利忘义，不讲信用。做人最根本的一条是诚信，一个人如果时时、处处、事事讲信用，那么他的事业将会走向成功，人生将会亮丽多姿。

诚实不欺，言行可靠

墨子针对当时社会纷乱、国家之间互相攻伐的局面提出了"兼相爱、交相利"的主张，反对"交相恶"，并一再强调应"以兼易别"，兼，就是相爱，别，就是相恶。墨子倡导人们以相爱来取代相恶，认为厌恶别人的人，别人也会厌恶他，给别人带来伤害的人，别人也会反过来伤害他。

在《兼爱下》篇，墨子反复论证了"以兼易别"的重要性和可行性，他列举了许多种情况，指出有些人虽然口口声声反对"兼"（相爱），认为"兼"是不可能实现的，但如果让他来选择是把亲人托付给主张"兼"（相爱）的人，还是托付给主张"别"（相恶）的人，那么他肯定会选择前者。在这里墨子严厉批判了这些言行不合的人，因为在他看来，人们无论做什么事，都应该"言必信，行必果"、"无言而不行也"，而这些嘴上主张"别"（相恶）的人，实际上心里也是希望别人能"兼相爱"的。

通过这种对比揭露，墨子进一步提出"兼相爱"是可以行得通的。"言必信，行必果，使言行之合，犹合符节也，无言而不行也"，这句名言在《墨子·兼爱下》篇中主要是用来证明其"兼爱"理论的可行性，用的是这句话的本来意义。在今天这句名言的意义没有什么变化，仍是指人们为人处事要言行合一，这是对人们最基本的要求，人们都应该把"言必信，行必果"、"言行合一"作为一条人生准则来要求自己，完善自己。

诚信乃做人之本，这是多少成功人士恪守的人生准则。人生向上的基础是诚、敬、信、行。诚是构成中国人文精神的特质，也是中国伦理哲学的标志；诚是率真心、真情感，诚是择善固执，诚是用理智抉择真理、以达到不疑之地，不疑才能断惑，所谓"不诚无物"就是这个道理。而"信"则是指智信，不是迷信、轻信，这种信依赖智慧的抉择，到达不疑，并且坚定地践行。

为人处事，信守诺言是非常重要的。那些受欢迎的人，常用各种不同的方式把他们的特点展现在人们面前，其中最显著的特点便是任何时候都有守信、遵约的美德。

东汉时，汝南郡的张劭和山阳郡的范式同在京城洛阳读书，学业结束，他们分别的时候，张劭站在路口，望着天空的大雁说："今日一别，不知何年才能见面……"说着，流下泪来。范式拉着张劭的手，劝解道："兄弟，不要伤悲，两年后的秋天，我一定去你家拜望老人，同你聚会。"

落叶萧萧，篱菊怒放，这正是两年后的秋天。张劭突然听见天空一声雁叫，牵动了情思，不由自言自语地说："他快来了。"说完赶紧回到屋里，对母亲说："妈妈，刚才我听见天空雁叫，范式快来了，我们准备准备吧！""傻孩子，山阳郡离这里一千多里路，范式怎会来呢？"他妈妈不相信，摇头叹息，"一千多里路啊！"张劭说："范式为人正直、诚恳、极守信用，不会不来。"老妈妈只好说："好好，他会来，我去备点酒。"其实，老人并不相信，只是怕儿子伤心，宽慰宽慰儿子而已。约定的日期到了，范式果然风尘仆仆地赶来了。旧友重逢，亲热异常。老妈妈激动地站在一旁直抹眼泪，感叹地说："天下真有这么讲信用的朋友！"范式重信守诺的故事一直为后人传为佳话。

在现实生活中讲信用，守信义，是立身处世之道，是一种高尚的品质和情操，它既体现了对人的尊敬，也表现了对己的尊重。但是，我们反对那种"言过其实"的许诺，也反对使人容易"寡信"的"轻诺"，我们更反对"言而无信"、"背信弃义"的丑行！

天下没有一种广告能比诚实不欺，言行可靠的美誉更能获得他人的信任和好感。

在社会交往中，如果真能主动帮助朋友办点事，这种精神当然是可贵的，但是，办事要量力而行，说话要注意掌握分寸。因为，诺言的能否兑现不仅有自己努力的程度问题，还有一个客观条件的因素。有些在正常情况下是可以办到的事，后来由于客观条件起了变化，一时办不到，这种情况是有的，这就要求我们在朋友面前，不要轻率地许诺。有的事，明知办不到，就应向朋友说清楚，要相信朋友是通情达理的，是会原谅的，千万不要打肿脸充胖子，在朋友面前逞能，轻率许诺。这样，不但得不到友谊和信任，而且反而会失去朋友。

人生智慧

◇君子以诚信为本，小人以趋利为务。

◇生来一诺比黄金，哪肯风尘负此心。

◇守信义，是立身处世之道。

刚正不阿，胸怀坦荡

【聊天实录】

我：墨老先生，您对拥有正气有何高见？

墨子：我曾在《墨子》中提到：夫倍义而乡禄者，我常闻之矣；倍禄而乡义者，于高石子焉见之也。

我：您这句话该如何解释呢？

墨子：这句话的意思就是：背弃道义而追求爵禄的人，我经常听说到；舍弃爵禄而追求道义的人，却在高石子身上见到了。

我：您的意思是说：一个人一旦有了凛然正气，就会刚正不阿，胸怀坦荡，即使面对威逼利诱，也能镇定自若，处变不惊。

> 墨子：是的，你说得很对，富贵不能淫，贫贱不能移，威武不能屈。

【解读】　　　　**坚贞不屈，刚正气节**

高石子，墨子的弟子之一，墨子曾经让他的另一位弟子管黔敖举荐高石子到卫国做官。卫国的国君给了他很高的爵位和优厚的俸禄，但是高石子三次朝见卫君，每次都竭力进言，遗憾的是卫君都没有采纳实行，于是高石子毅然决然地辞去了卫国的高官厚禄，这种"背禄向义"的高尚品行受到墨子的赞赏。在这里，"禄"与"义"实际上就是代表了"个人私利"和"公共道义"的两种不同的价值取向。墨子所倡导的"义"，是以"兴天下之利，除天下之害"为根本目的或价值追求的。在墨子心中，万事莫贵于"义""义"是天下的真正的良宝，是比生命更贵重的东西，更何况高官厚禄这些身外之物。因此，为人处世必须以"义"为准则，符合道义、利于天下的事情，就去做；不符合道义，不利于天下的事情就坚决不能做，无论是给予高官还是厚禄。

墨子的这种"背禄向义"的思想信念，不失为一种金玉良言，值得我们好好品味，并引以为鉴，拿它反观照察一下自己的仕宦生活和人生追求应是大有裨益的。人莫不有欲，欲求高官厚禄，欲求美满幸福、丰衣足食的生活，但是，欲望的满足和实现却应该有一个原则的限定，那就是"义"，也就是要"得之有道"。如若不然，那就"背义向禄"，甚或以权谋私、贪污腐败，而欲罢不能，终至于身陷囹圄而后止，像这样落一个可悲可叹的下场，倒不如"背禄向义"而做一个两袖清风的高洁之士为好。

在这里，"禄"与"义"代表了"个人索取"与"奉献社会"两种不同的价值取向。墨家所提倡的"义"是以"兴天下之利，除天下之害"为主要内容的，在墨子眼中，万事莫贵于"义"，甚至珍贵于生命，更别说高官厚禄这些身外之物了。所以当他的另一个学生胜绰为了厚禄，竟然违背道义，纵容齐国大将项子牛三入侵鲁国时，

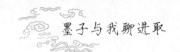
墨子严厉批评了他这种"向禄而背义"的行为，并派另一个学生高孙子前去请求项子牛辞退胜绰。墨子这种"背禄向义"的精神，深深地影响了此后几千年的国人。

由此我们不难理解，正气是大义大德造就的，是不能靠伪善或是挂上正义与道德的招牌就能获取的。因此，一个充满正气的人，本身就是道德高尚之人，也正是因为如此，他才不会生出一些自私邪恶的念头，更不会因为受到威胁或利诱而屈服。

安史之乱后，唐王朝从强盛转向衰落，各地节度使乘机割据地盘，扩大兵力，造成了藩镇割据的局面。唐代宗死后，他的儿子李适即位，就是唐德宗，唐德宗想改变藩镇专权的局面，结果引起了藩镇叛乱。唐德宗派兵讨伐的结果，叛乱不但没有平定，反而蔓延开来了。

唐德宗建中四年（782年），有五个藩镇叛乱，其中准西节度使李希烈兵势最强，他自称天下兵马都元帅，向唐境进攻。五镇叛乱，使朝廷大为震惊。唐德宗找宰相卢杞商量，卢杞说："不要紧，只要派一位德高望重的大臣去劝导他们，用不着动一刀一枪，就能把叛乱平息下来。"

唐德宗问卢杞说："你看派谁去合适？"卢杞推荐年老的太子太师颜真卿，唐德宗马上同意。

颜真卿是当时一个很有威望的老臣，安史之乱前，他担任平原太守。安禄山发动叛乱后，河北各郡大都被叛军占领，只有平原城因为颜真卿坚决抵抗而没有陷落。后来，他的堂兄颜杲卿在藁城起兵，河北十七郡响应，大家公推颜真卿做盟主。在抗击安史叛军中，立了大功。唐代宗的时候，他被封为鲁郡公，所以人们又称他颜鲁公。

颜真卿又是我国历史上著名的书法家，他写的字雄浑刚健，挺拔有力，表现了他的刚强性格。后来，人们把他的字体称为"颜体"。颜真卿为人正直，常常被奸人诬陷排挤，只是因为他的威望高，一些奸人不得不表面上尊重他。宰相卢杞是个心狠手辣的人。他忌恨颜真卿，平时没法下手，这一次想趁藩镇叛乱的机会，派颜真卿去做劝导工作，是企图陷害他。

这个时候，颜真卿已经是七十开外的老人了。许多文武官员听说朝廷派他到叛镇去，都为他的安全担心，但是，颜真卿却不在乎，带了几个随从就去了淮西。

李希烈听说颜真卿来了，想给他一个下马威。在见面的时候，叫他的部将和养子一千多人都聚集在厅堂内外。颜真卿刚刚开始劝说李希烈停止叛乱，那些部将、养子就冲了上来，个个手里拿着明晃晃的尖刀，围住颜真卿又是谩骂，又是威胁，摆出要杀他的架势。颜真卿毫不畏惧，面不改色，朝着他们冷笑。

李希烈假惺惺站起来护住颜真卿，命令他的养子和部下退出去，然后把颜真卿送到驿馆里，企图慢慢软化他。过了几天，四个叛镇的头目都派使者来跟李希烈联络，劝李希烈即位称帝，李希烈大摆筵席招待他们，也请颜真卿参加。

叛镇派来的使者见到颜真卿来了，都向李希烈祝贺说："早就听到颜太师德高望重，现在元帅将要即位称帝，正好太师来到这里，不是有了现成的宰相吗？"

颜真卿扬起眉毛，朝着四个使者骂道："什么宰相不宰相！我年纪快八十了，要杀要剐都不怕，难道会受你们的诱惑，怕你们的威胁吗？"四名使者被颜真卿凛然的神色吓住了，缩着脖子说不出话来。

颜真卿

李希烈拿他没办法，只好把颜真卿关起来，派兵士监视着。兵士们在院子里掘了一个一丈见方的土坑，扬言要把颜真卿活埋在坑里。第二天，李希烈来看他，颜真卿对李希烈说："我的死活已经定了，何必玩弄这些花招。你把我一刀砍了，岂不痛快！"

过了一年，李希烈自称楚帝，又派部将逼颜真卿投降。兵士们在关禁颜真卿的院子里，堆起柴火，浇足了油，威胁颜真卿说："再不投降，就把你放在火里烧！"

颜真卿二话没说，就纵身往柴火跳去，叛将们连忙把他拦住，向李希烈回报。李希烈想尽办法，也没有能使颜真卿屈服，就派人逼迫颜真卿自杀了。颜真卿虽然付出了自己的生命，但其坚贞不屈的刚正气节却让人永远敬佩。

坚持自己的骨气

战国时代的孟子，有几句很好的话："富贵不能淫，贫贱不能移，威武不能屈，此之谓大丈夫。"意思是说：高官厚禄收买不了，贫穷困苦折磨不了，强暴武力威胁不了，这就是所谓大丈夫。大丈夫的这种种行为，表现出了英雄气概，我们今天叫作有骨气。

我国经过了奴隶社会、封建社会的漫长时期，每个时代都有很多这样有骨气的人，我们就是这些有骨气的人的子孙，我们是有着优良革命传统的民族。

当然，社会不同，阶级不同，骨气的具体含义也不同，这一点必须认识清楚。但是，就坚定不移地为当时的进步事业服务这一原则来说，我们祖先的许多有骨气的动人事迹，还有它积极的教育意义，是值得我们学习的。

南宋末年，首都临安被元军攻入，丞相文天祥组织武装力量坚决抵抗，失败被俘后，元朝劝他投降，他写了一首诗，其中有两句是："人生自古谁无死，留取丹心照汗青。"意思是：人总是要死的，就看怎样死法，是屈辱而死呢，还是为民族利益而死？他选取了后者，要把这片忠心记录在历史上。文天祥被拘囚在北京一个阴湿的地牢里，受尽了折磨，元朝多次派人劝他，只要投降，便可以做大官，但他坚决拒绝，终于在1282年被杀害了。

孟子说的几句话，在文天祥身上都表现出来了。他写出有名的《正气歌》，歌颂了古代有骨气的人的英雄气概，并且以自己的生命来抗拒压迫，号召人民继续起来反抗。

另一个故事是古代有一个穷人，饿得快死了，有人丢给他一碗饭，说："嗟，来食！"（喂，来吃！）饿人拒绝了"嗟来"的施舍，不吃这碗饭，后来就饿死了。不食嗟来之食这个故事很有名，传说了千百年，也是有积极意义的。那人摆着一副慈善家的面孔，吆喝一声："喂，来吃！"这个味道是不好受的。吃了这碗饭，第二步怎样呢？显然，他不会白白施舍，吃他的饭就要替他办事。那位穷人是有骨气的，看你那副脸孔、那个神气，宁可饿死，也不吃你的饭。

不食嗟来之食，表现了中国人民的骨气。

孟子的这些话，虽然是在2000多年以前说的，但直到现在，还有它积极的意义。

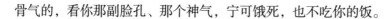

人生智慧

◇富贵不能淫，贫贱不能移，威武不能屈。

◇正气是大义大德造就的，是不能靠伪善或是挂上正义与道德的招牌就能获取的。

◇不食嗟来之食，表现了中国人民的骨气。

一分耕耘，一分收获

【聊天实录】

我：墨老先生，您对耕耘才有收获有何高见？

墨子：我曾在《墨子·鲁问》中提到：今以豚祭而求百福，则其富不如其贫也。

我：您这句话该如何解释呢？

墨子：这句话的意思就是：现在用一头小猪祭祀却祈求百福，那么与其祭品丰盛，倒不如稀少。

我：您的意思是说：有很多人总是祈求上帝的恩惠，却从来不想自己为上帝做过些什么；总是期望回报，却一如既往的吝惜于付出。只有通过辛勤的劳动，才能收获丰硕的成果，那些想不劳而获，以微不足道的付出奢望百倍的回报，都是不可能实现的。

墨子：是的，你说得很对，一分耕耘，一分收获。

【解读】 ～**勤奋努力，才会收获**～

美国媒体大亨泰德·特纳经常引用老师对他的劝告，他的老师常对他说："那些想要超过别人的人，每时每刻都必须努力，不管愿不愿意。他们会发现自己没有娱乐，只有艰苦的工作。"虽然工作艰苦，但对特纳而言这是他自己喜欢的事情，并且为他带来了丰厚的回报。

美国叙事诗人朗费罗宣称：如果把伟大的诗歌作品比喻成露出水面的桥梁的话，那么诗人静静地研究和学习则是水面之下的桥基。虽然桥基沉没在水面以下看不见，却是更加重要的。

研究一下一些伟大作品的"初稿"是件很有意思的事，从杰斐逊起草的《独立宣言》到朗费罗写成的《生命之歌》，没有哪部作品在最终完稿前不是经过不断的修改和润色的。据说，拜伦的《成吉思汗》写了一百多遍，因为拜伦一直都感到不满意。

一位朋友对大律师费斯·乔特说："那么多偶然成功的例子真是让人觉得很不错。"这位伟大的律师怒道："简直是胡说！你还不如把希腊字母丢在地上，指望着捡起来就成了伟人的史诗《伊利亚特》呢！"

坐等什么事情的降临就好像盼着月光变成银子一样渺茫，希望宇宙中发生奇迹，能够取代自然法则的作用，那是不可实现的妄想。这些想法往往是懒惰者的借口，是缺乏长远规划者的托词。

美国伟大的政治家亚历山大·汉密尔顿曾经说过："有时候人们觉得我的成功是因为自己的天赋，但据我所知，所谓的天赋不过就是努力工作而已。"

所以，努力地工作被称为"使成功降临到个人身上的信使"。

世界上最糟糕的人莫过于厌恶自己的工作，或许环境逼迫我们去做些单调乏味的工作，但我们应该主动使它充满乐趣。如果我们要在工作中获得良好的效果，就应该以这样的态度投入到工作中去。

如果永远保持努力奋斗的工作状态，我们就会得到他人的认可和称赞，同时也会脱颖而出，并得到成功的机会。

只有耕耘才有收获。一个人的成功有多种因素，环境、机遇、学识等外部因素固然都很重要，但更重要的是依赖自身的努力与勤奋。缺少勤奋这一重要的基础，哪怕是天赋异禀的鹰也只能栖于树上，望天兴叹。有了勤奋和努力，即便是行动迟缓的蜗牛也能雄踞山顶，观千山暮雪，望万里层云。

世界上的事，从来都是"一分耕耘一分收获"。天空赋予大地以雨水，大地反馈给天空一片葱绿；大自然赋予人类以呼吸的氧气，人类回赠给大自然一个繁华的世界；名山大川赋予人类以自然美景，而人类给予它的则是一分无穷的眷恋。不付出就不会有收获，世上从来就没有免费的午餐。怕吃苦，图安逸，是成不了大事的。试想：哪位杰出人物不是吃尽人间诸多苦才奋斗出来的。勤奋工作，努力耕耘，有一份辛劳就会有一份收获。

❧ 付出才有回报 ❧

《墨子·鲁问》中，鲁国的一个司祭用一头小猪祭祀，并且向鬼神祈求百福。

墨子听说后对他说："这样不行，现在你给人的东西少，却盼望人家重谢，那么别人就只会怕你再送东西给他们了。现在用一头小猪来祭祀，却向鬼神求百福，那么鬼神只会怕你用牛羊来祭祀了。"

用小恩小惠就想换得大富大贵，这当然是不可能的。天上从来就不会掉馅饼下来，要想得到回报，就必须有所付出。

一个人在沙漠里行走了两天，途中遇到暴风沙，一阵狂沙吹过之后，他已认不清正确的方向。正当快撑不住时，突然，他发现了一间废弃的小屋。他拖着疲惫的身子走进了屋内，这是一间不通风的小屋子，里面堆了一些枯烂的木材。他几近绝望地走到屋角，却意外地发现了一座抽水机。

他兴奋地上前汲水，可任凭他怎么抽水，就是抽不出半滴来。他颓然坐地，看见抽水机旁有一个用软木塞堵住瓶口的小瓶子，瓶上贴了一张泛黄的纸条，纸条上写着：你必须用水灌入抽水机才能引水！不要忘了，在你离开前，请再将水装满！他拔开瓶塞，发现瓶子里果然装满了水！他的内心，此时开始交战着……

如果自私点，只要将瓶子里的水全部喝掉，他就不会渴死，就能活着走出这间屋子！如果照纸条做，把瓶子里唯一的水倒入抽水机内，万——去不回，他就会渴死在这地方了，到底要不要冒险呢？

最后，他决定把瓶子里的水全部灌入看起来破旧不堪的抽水机里，水真的大量涌了出来！他以颤抖的手汲水，喝足后，他又把瓶子装满水，并用软木塞封好，然后放在原来那张纸条后面，再加上他自己的话：相信我，真的有用。

这个故事告诉我们：不管做什么事，有付出才有回报。

有付出才有回报，这是绝大多数人都认可的，而且，很多人都有了实际行动，真正地付出了。但问题和矛盾还是产生了，因为其中大部分人对他们得到的回报并不满意，认为回报少于付出。

一位哲人曾说："我只想要一片绿叶，你却给了我整个春天。"一片小小的绿叶，当我们把绿叶奉献给世界时，世界却回报了我们整个春天，给我们意想不到的收获。当我们以无私奉献之心栽培桃李时，我们良好的品行便为我们铺就了一条通向生命果园的道路。

人生智慧

◇只有耕耘才有收获。

◇天上从来就不会掉馅饼下来，要想得到回报，就必须有所付出。

◇不管做什么事，有付出才有回报。

第章

墨子与我聊环境影响

　　"染于苍则苍，染于黄则黄。"这句话告诉大家，丝染了青色燃料就变成青色，染了黄色颜料就变成了黄色。人容易被外界影响，近朱者赤，近墨者黑，要谨慎交友。

条件适宜，方能成功

【聊天实录】

我：墨老先生，您对条件适宜就能成功可有何高见？

墨子：我曾在《《墨子·经下》中提到：五行毋常胜，说在宜。

我：您这句话该如何解释呢？

墨子：这句话的意思就是：五行之间相互克制的关系并不是永恒不变的，胜败的关键在于条件是否适宜。

我：您的意思是说："五行"之间的相克关系并无定制，任何一方的胜与负都要看环境等条件是否适宜，这就如同我们知道麋鹿生长于山中、鱼长潜于水的道理一样，只是因为条件适宜罢了。

墨子：是的，你说得很对，一切事物都不可能永远占据有利地位，获取胜利，优劣是随、着时间的推移、环境的变化而相互转化的。

【解读】 ❦ **充分利用身边的环境** ❧

在古代，有个年青年人，找到了苏格拉底，说："我怎样做才能成功，我不是不对成功怀有梦想，我觉得一个人成功太难，我每天都在想，但就是我的生活没有发生改变。"苏格拉底默不作声，把这个年轻人领到河边，用自己粗大坚强的手，紧紧地握住这个年轻人的手，使他无法挣脱。两个人一起朝水里走，当走到齐腰深的时候，还一直往前走，这个年轻人的内心很恐惧，心说这个老头子要做什么，他难道真要想害我，还是跟我一起捉鱼？让我体会生命当中这种劳动的意义，这个年轻人都没有想到，当走到快到颈脖深的时候，苏格拉底突然用力地将这个年轻人的头摁在水中，不管那个年轻人如何挣扎，他无法挣脱这位老人，智慧和对生活的力量，这个年轻人拼命在挣，使尽全身的解数挣脱，露出了水面。于是苏格拉底问年轻人，说："你方才在水中你想到了什么。"这个年轻人说："我刚才在水中只想拼命地浮出水面，因为我要呼吸，我需要空气。"苏格拉底语重心长的对年轻人说："如果有一天，当你渴望成功，就像你在水中渴望呼吸一样，你就会获得人生所有的成功，一个人在内心当中，充满了成功的渴望，如果有一个影像在告诉你，今天，你所有的坎坷，所有的不幸，所有的遭遇，都是因为你没有怀有对目标的渴望，而使自己的生活发生改变。"

这个故事告诉我们：不仅仅是一个人在水中需要空气的人的渴望，一个人内心的梦想，有许许多多，可能会有一些干扰，可能会有一些琐事，可能会有一些改变，任何人的心中，他的目标系统当中，一定要有一个核心目标，这个核心目标，将他未来的影像，帮助你成功，生活当中不是缺乏智慧，不是缺乏生活对你的承诺，他所缺乏的就是，这种成功的需求，能不能跟你未来的承诺挂上钩，如果一个人，他成长的需求，跟他未来的机会挂上钩的时候，就一定能使这个人获得快乐，获得幸福。那么说到这里，朋友们会说，在生活当中，如何来做才能获得成功呢，如何从所有的过程当中获得激励，来使自己的生命不断前进呢？

一个人在生活当中，有了梦想，有了抗挫折的能力，有了清晰的目标和影像，有了全力以赴的努力。如何来获得成功，人们往往问：在一个咨询化的时代，在人类即将走入一个跨世界的知识世界的时代，一个人如何能获得成功？那请问，目前当今世界上，谁是目前世界上最富有的人？在全球富豪的排行榜上，连续了四年，有一个人，一直雄居榜首，他就是，微软帝国的比尔·盖茨，比尔·盖茨为什么能够在现在的社会上抓住机会，为什么他能获得成功，带领他的企业王国，不断壮大和成长，他的成功到底靠什么？在人们总结比尔·盖茨成功经历的时候，发现了答案，微软为什么获得成功，是因为在他的领域，他提供了一个标准，是因为他把自己的事情和别人分享和体验，是因为，在他刚成立公司的时候就看到了他成长的目标。提起微软，人们就会想到，比尔·盖茨一个动人的现在美国人实现梦的故事。在比尔·盖茨读大学二年级的时候，爱尔伦找到他，跟他说："比

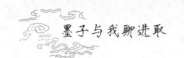

尔，有一个好东西，有一个好机会在等待我们，要不要争取，要不要去拿，要不要去实现？"比尔·盖茨说："我还要学习。"他并没有在意爱伦对他的提议，说将来有一个机会在等待他。但爱论不断地对他说，不断地对他谈，终于有一天，也是在比尔·盖茨读大学的第二年级，他跟爱伦一起离开了学校，办起了自己的微软公司。第一个单的生意，第一个月的生意，可能很简单，但当时的他跟爱伦看不到未来的企业帝国，那个时候他当离开学校的时候，他心中就有一个梦想：在未来，一定会有一个机会在等待着我。现在想到微软的时候，人们会提到比尔·盖茨，但很少有人提及爱伦。

在生活当中，一个人的改变，不是自己孤军奋战就能获得成功，有的人天生会领导，有的人天生会管理，有的人天生能够预测，有的人天生能够当一个合格听追随者。如果在我们的组织当中，在我们的网络进行时当中有这样一个人，这个人既会领导，又会管理，又会沟通，又能当追随者，又有创意，那么，这样的人一定能成功吗？答案是，这人不能成功，因为在今天的社会，个人奋斗的英雄主义时代已经结束了，这个时代，要想获得成功，必须跟所有的成功人一起合作，只有协作，只有团结，只有建立一个团队，才能获得成功。

如果我们能够处在一个充满弹性的空间，这样一个位置，就一定需要我们个人的弹性，一个人的定位，将决定我们如何利用周围的环境，周围的环境不同，会决定一个人成功和成长的不同。

❦ 永不放弃，适应环境 ❧

五行是我国古代哲学的一个重要范畴，指水、火、木、金、土五种元素。古代朴素唯物主义的"五行说"认为"五行"是构成万物的五样基本元素，用以说明世界万物的起源和多样性的统一。

春秋战国之际，阴阳家倡导"五行相生相胜"的学说。"相生"指相互促进，即木生火，火生土，土生金，金生水，水生木。"相胜"即"相克"，指相互排斥，即水克火，火克金，金克木，木克土，土克水。同时阴阳家还认为"五行常胜"，即认为五行间互相克制的关系是固定不变的。墨子则指出构成物质的"水、火、木、金、土"五种元素是相互分离、各自独立的，但是能经常发生某些关系。火能熔金，是因为火大；金能耗尽炭灰，是因为金子太多。金能刻木，火也能烧毁木，因此"五行毋常胜"。认为"五行"之间的相克关系并无定制，任何一方的胜与负都要看环境等条件是否适宜，这就如同我们知道麋鹿生长于山中、鱼长潜于水的道理，只是因为条件适宜罢了。墨子认为一切事物都不可能永远占据有利地位，获取胜利，优劣是随着时间的推移、环境的变化而相互转化的。

所以任何事情都是可能发生的。有句广告词说的好：一切皆有可能。2001 年 5 月 20 日，美国一位名叫乔治·赫伯特的推销员成功地把一把斧子推销给小布什总统，布鲁金斯学会得知这一消息，把刻有"最伟大推销员"的一只金靴子赠予他。这是自 1975 年以来，该学会的一名学员成功地把一台微型录音机卖给美国前总统尼克松后，又一学员登顶。

布鲁金斯学会以培养世界上最杰出的推销员著称于世，它有一个传统，在每期学员毕业时，设计一道最能体现推销员能力的实习题，让学生去完成。克林顿当政期间，他们出了这么一个题目：请把一条内裤推销给现任总统。八年间，有无数个学员为此废尽脑细胞，可是，最后都无功而返。克林顿卸任后，布鲁金斯学会把题目换成：请把一把斧子推销给小布什总统。

鉴于前八年的失败与教训，许多学员放弃了争夺金靴子奖，个别学员甚至认为：这道毕业实习题会和克林顿当政期间一样毫无结果，因为现在的总统什么都不缺少，再说即使缺少，也用不着他们亲自购买。

然而，乔治·赫伯特却做到了，并且没有花多少工夫。一位记者在采访他的时候，他是这样说的："我认为，把一把斧子推销给小布什总统是完全可能的，因为布什总统在得克萨斯州有一农场，里面长着许多树。于是我给他写了一封信，说：'有一次，我有幸参观您的农场，发现里面长着许多大树，有些已经死掉，木质已变

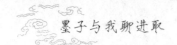

得松软。我想，您一定需要一把小斧头，但从您现在的体质来看，这种小斧头显然太轻，因此您仍然需要一把不甚锋利的老斧头。现在我这儿正好有一把这样的斧头，很适合砍伐枯树。假若你有兴趣的话，请按这封信所留的信箱，给予回复'……最后他就给我汇来了 15 美元。"

乔治·赤伯特成功后，布鲁金斯学会在表彰他的时候说："金靴子奖已空置了 26 年，26 年间，布鲁金斯学会培养了数以万计非常优秀的推销员，造就了数以百计的富翁，这只金靴子之所以没有授予他们，是因为我们一直想寻找这么一个人，这个人不因有人说某一目标不能实现而放弃，不因某件事情难以办到而失去自信。"

人 生 智 慧

◇一切皆有可能。

◇如果你定在一个立起来的位置，就一定要挺拔。

◇所以任何事情都是可能发生的。

染苍则苍，染黄则黄

【聊天实录】

◇我：墨老先生，您对近朱者赤近墨者黑有何高见？

◇墨子：我曾在《墨子·所染》中提到：染于苍则苍，染于黄则黄。

◇我：您这句话该如何解释呢？

◇墨子：这句话的意思就是：染了青颜料就变成青色，染了黄颜料就变成黄色。

◇我：您的意思是说：人们在社会环境中所受到的感染和影

响：社会环境及周围的人如果是高尚、贤良的，那么人处在其中耳濡目染，也会变得优秀；相反，如果周围的人品德低下、学识浅薄，与他们交往不会受到什么好的影响。

◇墨子：是的，你说得很对，一个人要交朋友，交友之道必须明确。

【解读】

想要成功，选好环境

有一个人，终于在他死去之后来到了天国，天国的导游，领他去参观天国里所有美好的地方，那里有阴间有天堂，这个人想了解，他想了解到底天堂和阴间到底有什么样的区别。

天国的导游把他领到了阴间，他看到这里的人，面黄肌瘦，其实他们的生活，跟常人并没有什么不同，他们的吃，他们的穿，只不过这些人很疲惫，面无血色，每个人都是那么瘦，他们也在吃饭，用的也是我们使的筷子，但他终于发现了在阴间这些人的区别：这些人虽然在使筷子，但这筷子非常非常得长，他想夹到食物递给自己的时候，总是吃不到自己想要吃的食物，所以很多人都很很长的筷子挣抢食物往自己的跟里放，但是每个人在争抢食物的当中，都吃不到自己的食物。

他离开了阴间之后，天堂的导游又把他领到了天堂。在这里，每个人都红光满面，每个人都非常健康，他们身着朴素，他们吃的食物也和阴间一样，他们也用一根很长的筷子，但唯一不同的是，他们吃饭的方式不同，每个人在吃饭的时候，总是捡一个最好的食物，用长长的筷子，然后递到另外一个人的跟前。

一个人在生活当中，懂得分享的人，为别人奉献爱心的人，自己才会在生活当中，得到和你分享成功的人给你的回报。如果每天把自己的成长，每天把自己积极的心态，每天把自己的梦想，每天把自己的才能，与所有的我们周围的人去分享，就会改变我们周围的环境，而每天不断地接收我们成功分享的人，接受我

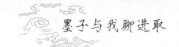
们自己成长目标的人，能够同意我们梦想的人，这个人就一定会达到生活当中所有梦想的实现。那么在所有的岁月当中，人们不能忘记，如果在生活当中，不断地努力，这个人就会获得成功，去梦想目标，去和成功的人去接触，这个人的梦想，就会有一个放大的过程。要跟成功人在一起，是因为成功具有传延性，你今天跟所有成功人在一起，你想不成功，都承受不了成功人给你带来的心理压力，而失败呢，也有失败的病毒，如果你周围所有的人，都是失败者，如果你想不失败都难，因为，你在那个环境当中，每天都受到消极的影响，每天都会受到失败的困扰，你想获得成功，变得很难，你想不失败，也变得很难。

孟子

在中国的古代，有一个人，叫孟子，孟子之所以在今天对人们产生影响，是因为他有一个不平凡的母亲。很小的时候，孟子很普通，他的环境也很普通，于是，孟子的母亲心焦目焚。他每天回来的时候，都会学一招别人的样子，来做一些让人悲哀但又好笑的事情，每一次，他都举一个，在坟场上捡到的飘带，在那里摇来摇去，因为当时孟子和他的母亲就生活在一个坟场 的旁边。每一天，都会有人来坟场，孟子随着那些人，在那里打着白色的条布，在那里呼叫。孟子母亲终于意识到：一个孩子要成长，一定要把他放在一个利于他成长的环境当中，于是孟子的母亲决定要搬家。第二次搬到了一个闹市当中，这个闹市，尽管有很多的人能够帮助孟子做一些事情，但他每天只会学着在闹市当中吆喝卖一些什么东西。孟子的母亲想：这个孩子再成功，最多只会成为一个小有成就的小商人，不会成为给世人留下宝贵财富的哲人，于是孟子的母亲又再一次决定，举家迁到另一个地方。因为搬到了一个私塾的旁边，每天都是读书声，所以孟子生活从此发生了改变。读着基础文化，接触真正的哲理，接触真正的思想，孟母三迁，是一个再也普通不过的故事。非常普通的一个故事告诉我们一个深刻的哲理：一个人要想成功，一定要有梦想，一定要有克服挫折的能力，一定要把梦想放大，一定要有成功的影像，一定要全力以赴，一定要不断努力，而又要不断选择适合自己达成梦想的环境。

❧ 近朱者赤，近墨者黑 ❧

墨子在这里以染丝为喻，说明国君必须正确选择自己的亲信，因为国君能否治理好一个国家，同他周围人的影响有密切关系，而要得到良好的影响就必须善于选择贤良之才，亲近、信任他们。一般的士人如果要有所成就，也要谨慎选择好自己周围的朋友，以便可以使自己得到良好的感染熏陶及积极正面的影响。在《所染》篇中，墨子用了大量事例证明"所染"的重要性："其友皆好仁义，淳谨畏令，则家日益，身日安，名日荣，处官得其理矣，则段干木、禽子、傅说之徒是也。其友皆好矜奋，创作比周，则家日损，身日危，名日辱，处官失其理矣，则子西、易牙、竖刀之徒是也。诗曰'必择所堪'，必谨所堪者，此之谓也。"认为一个人所交的朋友都爱好仁义，都淳朴谨慎，慑于法纪，那么他的家道就日益兴盛，身体日益平安，名声日益光耀，居官治政也合于正道了，如段干木、禽子、傅说等人即属此类（朋友）。

一个人所交的朋友若都不安分守己，结党营私，那么他的家道就会日益衰落，身体日益危险，名声日益降低，居官治政也不得其道，如子西、易牙、竖刀等人即属此类（朋友）。《诗》上说："选好染料。"在他看来，所染的影响有时候可以关系到事业的成败和国家的兴亡："舜染于许由、伯阳，禹染于皋陶、伯益，汤染于伊尹、仲虺，武王染于太公、周公。此四王者所染当，故王天下，立为天子，功名蔽天地。"而"夏桀染于干辛、推哆，殷纣染于崇侯、恶来，厉王染于厉公长父、荣夷终，幽王染于傅公夷、蔡公榖。此四王者，所染不当，故国残身死，为天下谬"。除了以上这些事例以外，墨子还举了齐桓公、晋文公等"所染"的事例，反复说明了这样一个道理：有贤才辅佐，"所染当"，国君就能治理好国家，成为贤君；而亲信、任用唯利是图的小人，"所染不当"，就会导致亡国，因而墨子一再强调：

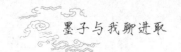

"故染不可不慎也！""必择所堪，必谨所堪"，呼吁人们一定要正确选择"染料"，谨慎对待"所染"。

墨子用染丝做比喻，说明了感染和影响的力量之大，其主要意图是奉劝统治者慎用人才，切忌任用不当之人。在今天，"染于苍则苍，染于黄则黄"这句名言多用来指人们在社会环境中所受到的感染和影响：社会环境及周围的人如果是高尚、贤良的，那么人处在其中耳濡目染，也会变得优秀；相反，如果周围的人品德低下、学识浅薄，与他们交往不会受到什么好的影响。故而，人们一定要格外重视周围的社会环境，尽量结交一些正直、善良的朋友，远离不良因素的干扰，使自己得到更好的陶冶和教育。朋友是我们生活中不可少的一部分，也是我们的生活中心之一，所以我们一定要能交友，但交友并不是不加标准、不分对象的乱交，在选择朋友进行交往时一定要谨慎，要有一定的心机，选那些志同道合、谈得来、说得开、信得过的朋友而交。

人不怕交不到益友，而是怕交到损友。一个人要交朋友，交友之道必须明确。"益友"，是第二个自己；"损友"，是一失足千古恨。如果交的朋友都是在德性和品质、学问方面超过我们的人，那么我们在耳濡目染和熏陶之中，一定会有所收获的。俗话说：多一个朋友多一条路。一个人没有朋友，也就差不多无路可走，寂寞一生，何况有时尽管我们心扉紧闭，但还是有人主动来敲。当他人主动与我们接触时，我们难道不去做出一点回应？回应的话，可能那是个坏朋友，不应的话，可能失去一个好的朋友，怎样做才不令我们两难？

一个人一生的成功，与自己所交的朋友密切相关，有些人因朋友相助而获得成功，也有人因受"朋友"之害而导致失败，甚至倾家荡产，妻离子散！也许有人会说，既然如此，那不交朋友不就行了吗？

朋友有两种：一种是所谓的"酒肉朋友"，一种确是"志同道合"，同生死，共患难的朋友。前者以利害关系而结合，在我们得志地位显赫时，他就和我们处得很好；反之，在我们一旦发生穷困祸患而有利害关系时，他便充耳不闻，这就是"小人之交甜如蜜"了。然而，后者是敬诚相待，忧乐相共，平时互相尊重；

遇到有逆境时，更能挺身而出，相互帮助，这就是"君子之交淡如水"了。并不是说君子之交平淡如水，而是人与人之间，应该保持一定限度的距离，太亲密了，可能还会招来友谊的破裂。尽管交友不易，但我们每个人还是要面对这一问题。一个人能交上一些好朋友，即使不一定就成就大业，但也不至于需要帮忙时无处可求。如果你交到了一些坏的朋友，那就更糟了，还不如不交朋友。因为你交到了一些坏的朋友，要么被人暗害，要么被人引入歧途！

人性丛林中的人可谓形形色色，每个人都有自己的品性，对待朋友的态度和原则也各不相同，有的人每天向我们耳边尽吹好听之言，有的人经常给你提个醒，或者提出批评，看到我们不对就提出。我们有的人热情得如火如茶，也有的人冷漠如冰；有的人与我们交友是因为我们对之有利，有的人交友则完全是出于一片衷心……

交友的情形如此复杂，朋友好坏又很难分辨，有时当我们发现自己交上了一个坏"朋友"时，也许已经来不及了。因此为了避免交友中出现一些不良因素，多多参考一些他人的交往经验是很重要的。如有一点也许对我们每个人都很有价值———在交朋友时，那些经常批评我们的人是值得交往的。

与那些只说好言的朋友相比，经常给我们提出批评意见的朋友似乎有点令人讨厌，因为他说的话都不大中听。我们向他道出一些自认得意的事，他却偏偏给我们泼来一盆冷水；我们热情地向他描绘自己满腹的理想与计划，他却毫不留情地指出其中的问题，有时甚至不分青红皂白地把我们做人做事的缺点数落一顿……反正，我们从他嘴里经常听到一些不大顺耳之言，这种人看来还真有点让人讨厌！但如果我们对现实社会冷静思索一番就会发现，其实这种人大有可交的一面。如果我们错过了这种人，那多少有点可惜。

按照现代人的处事原则，一般人都会尽量不去得罪他人，大都宁可说好听的话让人高兴，也不说一些属于实情却让人讨厌的真话。当然，那些说好听之言的人不一定都是坏人，而且这也是一种交际的手段。但如果从交友的角度来看，只说好听的话，就失去了做朋友的义务。明知我们有缺点而不说，还偏偏说些动听

的话，这算什么朋友？如果他还进而"赞扬"我们的缺点，则更是别有居心了！这种朋友就算不害我们，对我们也没有任何好处，何必还浪费时间交往。现实生活中之所以有很多这种只说好话之人，也是因为有很多人喜欢他们如此。碰到光说好话的人便乐得不得了，不知是非；如果他人之言稍有不顺，就觉得别人不怀好意，心术不正，或者有意给自己难堪。如果细加思索，我们就不难明白，这两种人孰好孰劣了。

"损友"，是一个多么糟的名词，它是一种破坏，一种不属于人世间的废物。它非但没像友谊那样对我们有益，还将时时刻刻地利用着我们。它就像黑暗中的恶魔，想尽方法使我们坠落于他的陷阱；"益友"，却是一个人人想要的名词，它是友谊的含义，它使我们对友谊的渴望，它能带给我们终生的幸福与快乐。记住托尔斯泰说的"财富并非是永远的朋友，但朋友是有缘的财富"，去考虑我们身边的朋友。

人生智慧

◇一个人要交朋友，交友之道必须明确。

◇近朱者赤近墨者黑。

◇财富并非是永远的朋友，但朋友是有缘的财富。

安于现状，自我毁灭

【聊天实录】

我：墨老先生，您对安于现状有何高见？

墨子：我曾在《墨子》中提到：昔上世之穷民，贪于饮食，惰于从事，是以衣食之财不足，而饥寒冻馁之忧至。不知曰我罢不肖，从事不疾。

必日我命固且贫。

我：您这句话该如何解释呢？

墨子：这句话的意思就是：从前古代的穷人，好吃懒做，所以衣食之财不足，而饥寒冻饿的忧患跟着到来。他们不知道说我懒惰无能，做事不勤勉，却一定说我命中注定要贫穷。

我：您的意思是说：思进取，安于现状，却还振振有词，为自己的所作所为进行辩解，使之合理化。

墨子：是的，你说得很对，命运是掌握在自己手中的，不要觉得自己能力不行，那是因为自己没有付出足够的努力。

【解读】　　ᕲᓰ　　因循守旧，完结自己　　ᔑᕤ

威尔逊先生是一位成功的企业家，他从一个普普通通的事务所小职员做起，经过多年的奋斗，终于拥有了自己的公司。

这一天，威尔逊先生从他的办公楼走出来，刚走到街上，就听见身后传来"嗒嗒嗒"的声音，那是盲人用竹竿敲打地面发出的声响。威尔逊先生愣了一下，缓缓地转过身。

那盲人感觉到前面有人，连忙上前说道："尊敬的先生，您一定发现我是一个可怜的盲人，能不能占用您一点点时间呢？"

威尔逊先生说："我要去会见一个重要的客户，你要说什么就快说吧。"

盲人在一个包里摸索了半天，掏出一个打火机，说："先生，这个打火机只卖两美元，这可是最好的打火机啊！"

威尔逊先生听了，叹了口气，把手伸进西服口袋，掏出一张钞票递给盲人："我不抽烟，但我愿意帮助你。这个打火机，也许我可以送给开电梯的小伙子。"

盲人用手摸了一下那张钞票，竟然是100美元！他用颤抖的手反复抚摸这钱，嘴里连连感激着："您是我遇见过的最慷慨的先生！仁慈的富人啊，我为您祈祷！上帝保佑您！"

威尔逊先生笑了笑，正准备离开，盲人拉住他，又喋喋不休地说："您不知道，我并不是一生下来就瞎的，都是23年前布尔顿的那次事故！太可怕了！"

威尔逊先生一震，问道："你是在那次化工厂爆炸中失明的吗？"

盲人仿佛遇见了知音，兴奋得连连点头："是啊是啊，您也知道？这也难怪，那次光炸死的人就有93个，伤的人有好几百，可是头条新闻哪！"

盲人想用自己的遭遇打动对方，争取多得到一些钱。他可怜巴巴地说："我真可怜啊！到处流浪，孤苦伶仃，吃了上顿没下顿，死了都没人知道！"他越说越激动，"您不知道当时的情况，火一下子冒了出来！仿佛是从地狱中冒出来的！逃命的人群都挤在一起，我好不容易冲到门口，可一个大个子在我身后大喊，'让我先出去！我还年轻，我不想死！'他把我推倒了，踩着我的身体跑了出去！我失去了知觉，等我醒来，就成了瞎子，命运真不公平呀！"

威尔逊先生冷冷地说："事实恐怕不是这样吧？你说反了。"

盲人一惊，用空洞的眼睛呆呆地对着威尔逊先生。

威尔逊先生一字一句地说："我当时也在布尔顿化工厂当工人，是你从我的身上踏过去的！你长得比我高大，你说的那句话，我永远都忘不了！"

盲人站了好长时间，突然一把抓住威尔逊先生，发出一阵大笑："这就是命运啊！不公平的命运！你在里面，现在出人头地了，我跑了出去，却成了一个没有用的瞎子！"

威尔逊先生用力推开盲人的手，举起了手中一根精致的棕榈手杖，平静地说："你知道吗？我也是一个瞎子，你相信命运，可是我不信。"

美国历史上有一句名言：当一个国家的青年人都因循守旧时，它的丧钟便已经敲响了，这便是安于现状、不思进取导致的严重后果。

❧ 不思进取终会害了自己 ❧

"命定论"在精神上对愚民造成了极大的自我麻醉的作用，人们往往将世间的一切，无论是成功或是失败，无论是荣华富贵或是贫困饥寒都归因于"命中注定"。这是"命定论"者最好的借口，他们不思进取，安于现状，却还振振有词，为自己的所作所为进行辩解，使之合理化。墨子反对的恰恰就是这种思想，他还试图在批判命定论的同时，唤醒民众，使他们重新找回自我，不要觉得命运对自己不公平，命运是掌握在自己手中的；不要觉得自己能力不行，那是因为自己没有付出足够的努力。

一天，墨子游历到卫国。

墨子对公良桓子说："卫国是个小国，位处秦国和晋国之间，这就像贫家处在两个富家之间。一个贫家如果学富家那样穿衣、饮食和多花费，那么必定会很快破败。现在看看你的家，带装饰的车子有几百辆，吃豆子和谷子的马有几百匹，穿绣花衣裳的女子有几百人，如果把装饰车辆、养马和做绣花衣裳的钱财用来养士，必定会养一千多人。如果遇到危险和困难，派几百人在前面，几百人在后面，这与让几百个女子站在前面和后面相比，哪个更安全呢？我认为不如畜养士人安全。"

墨子认为，卫国是小国，更应该实行强盛国家的措施，这样才能保证国家的安全，而如果以周边的大国为标准，以贫学富，安于现状，不思进取，那就危险了。墨子所说的卫国，无异于试验中的青蛙，水温越来越高，它真正的危险也就越来越近。

无论我们是什么身份，职员、老板、学生、自由职业者，也无论我们现在是成功还是失败，都应坚决杜绝"安于现状、不思进取"的思想，并以一种积极向上的心态去赢得一个精彩的人生。

古罗马的老普林尼在《博物志》上说："人天性渴求新事物。"我们每一个人都有美丽的梦想，那么，就不要让我们的梦想因当下的环境而停滞不前。如果我们真的是鹰，就不应再困顿于狭窄的小天地；安于现状、不思进取，只会使我

们丧失更多获得成功的机会。

安于现状会让人失去追求卓越成就的原动力。本来可以用十分的热情去工作，因为安于现状而没有一点激情；本来可以全身心地投入，因为安于现状而打不起精神来；本来可以达到100%的合格率，因为安于现状，在达到60%的合格率时就停滞不前；本来可以把工作做到最好，因为安于现状，没有做到最好就举杯庆贺了……

安于现状会让人忽视危机的存在，今天平平安安地工作着，拿着薪水，忘记了失业的可能，忘记了被同事超越的可能。当被辞退的通知单已经有人为他们填好时，他们可能还在想："我再偷会儿懒吧，没有人能够发现！"

安于现状，让人看不到更高的目标。取得一点点成绩，就沾沾自喜，停止了前进的步伐，结果被更多不安于现状的人超越。

安于现状、不思进取，是人生中最大的敌人，它使人产生畏惧心理，让人失去对生活的兴趣、勇气和信心。

总之，墨子的非命论教导我们：要在日常的生活中少一些"安于现状"，多一些"努力奋斗"，因为生命赋予了我们正视这个世界的勇气，生命掌握在我们自己的手中，我们完全有能力去创造、改变、选择和追求我们想要的生活，能够很好地实现自己的人生价值。

所以，无论外界的条件对我们多么适宜，都不要安于现状，不思进取。要知道，除了个别方面受到客观条件的限制外，都是由自己的所作所为造成的。

人生智慧

◇不要觉得命运对自己不公平，命运是掌握在自己手中的。

◇人天性渴求新事物。

◇安于现状，让人看不到更高的目标。

藏锋露拙，匿锐示弱

【聊天实录】

我：墨老先生，您对谦虚谨慎有何高见？

墨子：我曾在《墨子·亲士》中提到：今有五锥，此其铦，铦者必先挫。有五刀，此其错，错者必先靡。是以甘井近竭，招木近伐，灵龟近灼，神蛇近暴。是故比干之殪，其抗也；孟贲之杀，其勇也；西施之沉，其美也；吴起之裂，其事也。故彼人者，寡不死其所长，故曰：太盛难守也。

我：您这句话该如何解释呢？

墨子：这句话的意思就是：比如现在有五把锥子，一把最锋利，那么这一把必先折断。有五把刀，一把磨得最快，那么这一把必先损坏。所以甜的水井最易用干，高的树木最易被伐，灵验的宝龟最先被火灼占卦，神异的蛇最先被曝晒求雨。所以，比干之死，是因为他抗直；孟贲被杀，是因为他逞勇；西施被沉江，是因为长得美丽；吴起被车裂，是因为他有大功。这些人很少不是死于他们的所长，所以说：太盛了就难以持久。夸耀刀剑之锐利，别人必惧其锐利而远避；显示自己的聪明，别人必恐你的聪明来害人。

我：您的意思是说：高明的人待人处世，特别会注意藏锋露拙，匿锐示弱。

墨子：是的，你说得很对，聪明的人懂得韬光养晦，示弱于人巧避祸。

【解读】　　　　　锋芒毕露，毁灭自己

高明的人待人处世，特别会注意藏锋露拙，匿锐示弱。

韩非

这里所说的藏锋露拙，匿锐示弱，并非是要人埋没自己的智商，而是为了保护自己，不导致祸端，从而更好地发挥自己的才能和专长。追求卓越和超凡出众，本身是一种积极的人生态度。但一味地孤芳自赏，无视周围环境，就会格格不入，招人厌恶。

战周末期韩非（约前286—前233）与吴起、商鞅的政治思想一致，著书立说，鼓吹社会变革。他的著作流传到秦国，被秦王嬴政（即后来的秦始皇）看到，极为赞赏，设法邀请他到秦国。但才高招忌，入秦后，还未受到重用，就被李斯等人诬陷，屈死狱中。

宏图未展身先死，这样纵使有满腹经纶又有何用。如果韩非不是招摇才华，而是谦卑抱朴，等待时机，或另待明主，或婉转上奏，使自己的政治抱负得以施展，相信他并非仅仅就是一个思想家，同时又会成为一代名臣巨相，而不会是一个悲剧人物。

有成语有曰"锋芒毕露"。锋芒本是刀剑的尖端，比喻显露出来的才干。一个人若无锋芒，那就是提不起来，所以有锋芒是好事，是事业成功的基础，在适当的场合显露一下既有必要，也是应当。

然而，锋芒可以刺伤别人，也会刺伤自己，运用起来应小心翼翼，平时应插在剑鞘中。物极必反，过分外露自己的才华只会导致自己的失败，尤其是做大事业的人，锋芒毕露既不能达到事业成功的目的，又失去了身家性命。

所以，真正聪明的人会隐而不露，该装糊涂时一定要装糊涂，待机而行动。杜祁公有一个学生做县官，祁公告诫他说："你的才华和学问，当一个县官是不够你施展作为的。但你一定要积存隐蔽，不能露出锋芒，要以中庸之道治理县政，求得和谐安定，不这样的话，对做事没有好处，只会招惹祸端。"杜祁公说："我为官多年，做了许多职位，感触很深。这就是我要告诉你不方不圆，在中庸之道中求得和谐的这些话的原因啊！"

洪应明的《菜根谭》中说："矜名不若逃名趣，练事何如省事闲。"这句话的意思是说：一个喜欢夸耀自己名声的人，倒不如避讳自己的名声显得更高明；一个潜心研究事物的人，倒不如什么也不做来得更安闲，这正是"隐者高明，省事平安"之谓。

自古就有"良贾深藏若虚，君子盛德若愚"，意思就是人的才华不可外露，深明韬光养晦之道，才不会招致世俗小人的嫉恨，而使你的事业一帆风顺地发展下去。

放下虚荣，学会谦虚

人生活在世界上，或多或少有那么一些自尊心和虚荣心，很容易过分看重自己的优点和长处，取得一点成绩就会沾沾自喜，爱听别人对自己赞美的话，哪怕是过誉之辞，也会觉得十分受用；而一旦听到指责和批评，就难以正确对待和接受，对别人的优点长处，更难以虚心借鉴吸收，因而墨子在战国时期所提倡的"江河不恶小谷之满己也，故能大"的名言对我们有着警示作用。

墨子认为，江河不拒绝小溪流入，因此能让自己的水量不断增大。圣人能接受别人的意见，所以能成为天下的大才。

然而，2000多年后的今天，仍有很多人与墨子的观点背道而驰。

这些人往往喜欢沉浸在自己狭小的空间中，沾沾自喜，总认为自己是完美的，他们对别人的意见、建议、批评最直接的反应就是排斥、抵制和拒绝。这种以自我为中心的为人处世方式，显然阻碍了与别人的正常交流和沟通，不利于自己的进步和提高，这些人应该多从墨子和他的弟子耕柱的一番对话中汲取教训。

耕柱是一代宗师墨子的得意门生，不过，他老是受到墨子的责骂。有一次，墨子又责备了耕柱，耕柱觉得自己非常委屈，因为在许多门生之中，自己被公认为最优秀的，但又偏偏遭到墨子的指责最多，让他感觉很没面子。

一天，耕柱愤愤不平地问墨子："老师，难道在这么多学生当中，我就是如

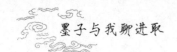

此得差劲，以至于要时常遭您老人家责骂吗？"

墨子听后反问道："假设我现在要上太行山，依你看，我应该用良马来拉车，还是用老牛来拖车？"

耕柱回答说："再笨的人也知道要用良马来拉车。"

墨子又问："那么，为什么不用老牛呢？"

耕柱回答说："理由非常简单，因为良马足以担负重任，值得驱遣。"

墨子说："你答得很好，我之所以时常责骂你，也是因为你能够担负重任，值得我一再教导与匡正你。"

虚心接受别人意见的更进一步的要求，即变被动为主动，虚心向别人求教，这样也就能巧妙地掩藏自己，成功的化解自己身上的祸事。

人 生 智 慧

◇矜名不若逃名趣，练事何如省事闲。

◇良贾深藏若虚，君子盛德若愚。

◇江河不恶小谷之满己也，故能大。

说话谨慎，行动敏捷

【聊天实录】

我：墨老先生，您对慎言敏行有何高见？

墨子：我曾在《墨子·非命中》中提到：初之列士桀大夫，慎言知行。

我：您这句话该如何解释呢？

墨子：这句话的意思就是：古时候有功之士和杰出的大夫，说话谨慎，行动敏捷。

> 我：您的意思是说：聪明人心中明白，但不夸夸其谈，付出多但不
> 自夸功劳。交谈不言多，而求精；不求华丽，而求明察。
>
> 墨子：是的，你说得很对，夸夸其谈而行动迟缓，即使能言善辩，
> 人们必定不愿听；出力多而夸耀自己的功劳，即使辛苦，必定不为人所取。

【解读】 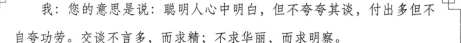 纸上谈兵，不如行动

书面文字就是写在纸上的谈话，这种语言没有直接的听众，却有间接的读者，故只求自己表达舒服，不求读者愿不愿看的现象更为严重。因而，写文章，做报告，必须具体实在，言之有物；华而不实，花里胡哨的文风只能令人生厌。

事实胜于雄辩。任何事情都是干出来的，而不是空谈出来的，因此，少说大话，多做实事，必有所成，正所谓桃李不言，下自成蹊。不要担心自己的功劳和成绩不为别人知晓，将自己的言语化成行动，社会必将对每个人做出公正的评价。

刘秀是汉朝宗室后裔，虽说祖上是南阳豪族，但到他这一代已经破落了。王莽当皇帝时，刘秀还是个少年。

二十岁那年，刘秀走上社会，先是到太学学习，结交了一批朋友，直到身边的盘缠用尽，刘秀才回到家乡。无奈他大哥刘绩手下的人打家劫舍，牵连到他，使他的谶语"刘氏当兴，李氏为辅"变成现实。谶语在当时社会有一定的神秘性、权威性，刘秀早莫名其妙地在牢里吃了一段冤枉官司。刘秀出狱不久，他的老乡李通、李轶兄弟找到他，他看一眼就看出这个社会已经又面临着一场震荡的考验，这正是重建汉室的好机会。于是，在和李氏兄弟商议之后，征得大哥刘绩的支持，便纠集了一批人分别在新野、宛县、春陵举兵。然后，他们找到了新市、平林农民起义势力的将领王凤、陈牧等人，两支队伍实现了联合。

接着，刘秀成功地指挥了一场极其漂亮的以少胜多的战役———昆阳大战。按理说，这场战役扭转了反莽势力军事斗争的被动局面，把王莽官军的主力消灭

殆尽，刘氏兄弟理应受到重用，可是，刘玄和几位农民领袖竟把刘绩给杀了。面对突如其来的噩耗，刘秀表现得极其冷静。他知道，这时他的命运还操纵在人家手里，还不是报仇的时候。所以当他回到宛城后，在刘玄面前连称自己有罪，说是自己没有劝导哥哥，以致犯下死罪。新市、平林那班将领本来估计刘秀会来报仇，想趁机把他也杀了，没想到他前来请罪，便不再说什么。别人来劝慰刘秀时，他也口口声声只说自己有罪，丝毫不提起他在昆阳大战中立下的战功。

刘秀

刘秀简单地料理了刘绩的丧事，言谈、举止和平时一样，白天对人谈笑风生，夜里却暗中饮泣，把大半个枕头都哭湿了。他手下的冯异有一次看到了这个秘密，劝他节哀，他仍说："不许胡言。"但冯异对他确是一片真心，对他分析说，刘玄政权已完全失去人心，如果能另拉一支队伍，大业必成。

机会终于来了。刘玄想派一个有能力的大将去河北扩充势力，宗亲刘赐建议让刘秀去。本来刘玄等人对此并不放心，但经刘赐的鼎力说服，刘秀被同意派往河北。

果然，刘秀一到河北一带，如鱼得水。他每到一地，都以汉朝重建者的身份广揽人心，同时广泛搜罗大小官吏，任用贤士，释放囚犯，因而大得人心，从而展开了中兴汉室的宏图大业。

刘秀小心谨慎，凭着韬光养晦之术，将大部分精力用于筹办军备上，积极行动，最终成功了。

真正的聪明人，并不会去夸夸其谈，而是将注意力投放于行动上，因为只有自己的行动，才能决定自己的价值。

有一篇仅几百字的短文，几乎世界上所有的主要语言都把它翻译出来过，仅中国一个上海市就将它印了 1.3 亿份，分送给路人。

日俄战争的时候，每一个俄国士兵都带着这篇短文。日军从俄军俘虏身上发现了它，相信这是一件法宝，就把它译成日文。于是在天皇的命令下，日本政府的每位公务员、军人和老百姓，都得阅读这篇文章。

目前，这篇《把信带给加西亚》已被印了亿万份，在全世界广泛流传。这篇短文的原作者是 EebertHubbard，文章最先出现在 1899 年的 Philitine 杂志。

"在一切有关古巴的事情中，有一个人最让我忘不了。当美西战争爆发后，美国必须立即跟西班牙反抗军首领加西亚取得联系。加西亚在古巴丛林的山里———没有人知道确切的地点，所以无法写信或打电话给他。但美国总统必须尽快与他联系上。"

"怎么办呢？"

"有人对总统说：'有一个名叫罗文的人，有办法找到加西亚，也只有他才找得到。'"

"他们把罗文找来，交给他一封写给加西亚的信。关于那个叫罗文的人如何得了信，然后把它装进一个油质袋子里，封好，吊在胸口，划着一艘小船，四天以后的一个夜里，在古巴上岸，消失于丛林中，接着在三个星期之后，从古巴岛的那一边出来，徒步穿过危机四伏的丛林地带，把那封信交给加西亚———这些细节都不是我想说明的。我要强调的重点是麦金利总统把一封写给加西亚的信交给罗文，而罗文接过信之后，并没有问："他在什么地方？""他是谁？""还活着吗？""怎样去？""为什么要找他？""那是我的事吗？""报酬如何？""没有无用的问题，没有挑剔的条件，更没有抱怨，只有行动，积极、坚决的行动！"

"只有行动赋予生命以力量。"

罗文这样的人为利希特这句名言，做了最好的注脚。人是自己行为的总和，是行动最终体现了人的价值。

要学会谨言慎行

雍正七年，湖南靖州有个叫曾静之的学子，因为学业不精，报考科举（公务员）没戏，从而产生对社会的不满情绪，他写了一封策反信，派他的学生张熙投给当

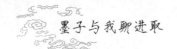

时的川陕总督岳钟琪（岳飞的后代），劝岳造反。

岳钟琪见信后立即将张熙抓了起来，严刑拷打，追问其幕后指挥是谁，张熙宁死不屈。后来岳钟琪又假装动心，问他主使是谁，并佯发誓，要同他们一同举事。张熙经不住诱惑，最终交代出了幕后主使是曾静之。

朝廷立即下令逮捕曾静之，曾静之在刑部交代，说是受了吕留良学说的影响，才犯下这等弥天大罪，并表示情愿认罪伏法。

朝廷又立即查抄了吕留良的家，在吕家，抄出了许多吕留良的著作及日记。在吕的日记和著作中，他称清朝为胡虏，称满人为胡人，称吴三桂的部队为王师——又说什么怪风震雷、细星如彗等天象，以此说明要天翻地覆，改朝换代。

雍正帝见到查抄的结果，大惊失色，心想清朝已经六十多年了，怎么在民间还会有这等谋逆思潮呢？他立即下了一道圣旨为自己的朝代辩护说："明末之时，朝廷失政。贪虐公行，横征暴敛，民不聊生。乃斯民极穷之时，我朝扫清寇氛，与民休养，六十余年，民安物阜。即考羲皇以来，史册所记，屈指而数——"

吕留良一案中，朝廷除抓捕了吕留良的一家老小（吕留良及其长子吕葆中已经去世）八十余口外，因吕案受牵连的还有个叫严鸿逵的读书人，他在日记中记载"索伦地方，正月初三日地裂，横一五里，纵三千里，飞起石块，后出火，居三千内居人全迁避"，又有"热河水大发，淹死满人两万余"。

朝廷给他定的罪是："拾吕留良之唾余，而尤加幻妄，岂非凶逆性成？万死有余之逆贼呼？"吕案中还有一个受牵连的人叫沈在宽，他是严鸿逵的学生。他在一首诗中有"更无地著避秦人"，还有一首诗说"陆沈不必由洪水，谁为神州理旧疆"。

因为吕案受牵连的人还有车鼎丰、车鼎贲、孙用克、周敬与、房明畴、金子尚、张圣范、朱羽彩、朱霞山、朱芷年等。

这个故事告诉我们：当遇到不利的情况或者可能对自己造成伤害的情形时，我们万万不能凭一时的冲动办事，而要毫不犹豫地将自己隐藏起来，用智慧去思考，再将聪明用之于行动。

人 生 智 慧

◇事实胜于雄辩。

◇桃李不言，下自成蹊。

◇只有行动赋予生命以力量。

居安思危，巩固成功

【聊天实录】

我：墨老先生，您对居安思危有何高见？

墨子：我曾在《墨子·七患》中提到：夫桀无待汤之备，故放；纣无待武之备，故杀。桀纣贵为天子，富有天下，然而皆灭亡于百里之君者，何也？有富贵而不为备也。故备者，国之重也。

我：您这句话该如何解释呢？

墨子：这句话的意思就是：桀没有防御汤的准备，因此被汤放逐；纣没有防御周武王的准备，因此被杀。桀和纣虽贵为天子，富有天下，然而都被方圆百里的小国之君所灭，这是为何呢？是因为他们虽然富贵，却不做好防备，所以防备是国家最重要的事情。

我：您的意思是说：虽然我们并没有处在春秋战乱时期，需要时刻准备侵略与反侵略，但在如今这竞争激烈的社会中，我们也要时刻防备着，做到居安思危。

墨子：是的，你说得很对，"凡事预则立，不预则废"，居安必须思危。在取得成就后，生活在安宁舒适的环境中，一定要考虑可能会出现的危险，做好防备措施。

【解读】 居安思危，奋发向上

春秋时期郑国无故伐宋，引起晋、鲁、卫、曹等十一国的不满，便联合出兵讨郑，入郑境，攻都城。郑难以抗争，只好停止侵宋，并与宋国及其他的十一国订立了友好条约。

当时日益强大的楚国，已不满足于自身所拥有的"领土"，时刻都在窥视着中原各国，常有侵扰行动，因而与晋、鲁等十一国有矛盾。见郑国求和于十一国，心有不甘，便向秦国借兵攻打郑国，郑不敌，只好又屈从楚国。

郑国毁约在前，屈附强楚于后，使与郑订立盟约的各国诸侯十分气愤，于是再次联合出兵讨伐郑。郑被折腾得筋疲力尽，被迫无奈，只好请求晋国出来调停。在付出重大代价后，晋国许成，郑再次与诸国通好。

此后，郑国为表谢意，送给晋国许多兵车、兵器、乐师及歌女。晋君主为犒赏调停的有功人员，将财物美女分一半给大臣魏绛。魏绛不纳，而向晋主说："愿君主在享受安逸快乐时，能够考虑到国家的长治久安，要居安思危。只有这种心理状态，才能对未来时态有所防备，有防备才不至于遭祸患，我愿以不受恩赐来劝谏您。"

居安思危的典故即出于此，魏绛在这里不仅不贪图晋王的赏赐，并能在成功之时，保持头脑的冷静，分析潜在的危机，这无疑是值得我们每一个成功者学习的。

现实中有些人在逆境中往往能奋发向上，永远保持一颗拼搏之心，绝不轻易妥协，但在取得成功，顺风顺水时，却很容易贪逸于安乐、腐化堕落，走入绝境，这不能不让人深思。

世间之事，往往变化莫测，让人难以预料，有时让人先饱受磨难后再春风得意，有时让人先得意一番后又陷入困苦挫折之中。有高深修养的人对此看得很清楚，并有一套最佳的对付之方：逆来顺受，居安思危。他们也很清楚，祸福、得失、苦乐在人自取，人能求福，也能避祸，求福与避祸，也全在自己。他们安而不忘危，存而不忘亡，治而不忘乱。思危就可以求安，虑退方能得进，惧乱然后可以保治，戒亡然后可以求存。

纵观中国历史，真正能做到善始善终，成功后不致腐化堕落、停滞不前的皇帝应该算是唐太宗李世民了。李世民常对左右说："治国之策犹如治病，病人希望尽快痊愈，求医心切。如果病人能认真听从医生的嘱咐，配合治疗，病就痊愈得快。反之，恐怕就要使病情恶化，甚至丧命。治国也是同理，要想保持天下安定，就得事事谨慎，若在关键时候有疏忽，必招亡国之祸。

"现在天下的安危全置于我一个肩上，我要慎重地警惕自己，即使歌功颂德，我还需检点自己的言行，加紧努力。但是，只靠我一人是难有作为的，希望你们能做我的耳目，发现我有所失，请直言无妨，君臣之间如有疑惑而不说，对治国是极其有害的。"

唐太宗如此开明，才引出了善谏的魏征，以这种态度施政，才出现了中国历史上有名的"贞观之治"。

事实上，现实给我们的教训更加深刻：新中国成立后，我们国家所遇到的各种磨砺挫折便是明证，治国、企业管理、个人成长都不能任意脱离实际、故步自封、骄傲自大，否则，成功之后的下一轮失败，就一定在等着你。挫折、失败并不可怕，可怕的是成功者不知道成功的背后有挫折、有失败。成功者要强大，要保持旺盛、持久的竞争力和生命力，必须居安思危，力争富过三代。

居安思危，不预则废

孙策是东汉末年的风云人物，占有江东全部领土。曹操和袁绍在官渡交战的时候，他与人谋划，袭击许昌。许昌是曹操的老巢，曹操部下听到这事，都很恐慌。有一位郭嘉却说："孙策新近吞并了江东的土地，诛杀了当地的英雄豪杰，这是他能得到部下拼死效力的结果。可是，孙策遇事粗心大意，不善防备，虽有百万

孙策

之众，和孤身一人没有什么两样，若有一个埋伏的刺客杀出来，他就对付不了。据我看来，他必定死在刺客手里。"

孙策的谋士虞翻也因为孙策好骑马游猎，劝谏道："您指挥零散归附的将士，就能得到他们拼死效力，这是汉高祖的雄才大略呀！但您暗地里出行，将士们都很忧虑。那白龙化作大鱼在海里游玩，就会被渔夫捉住；白蛇爬出山中，被刘邦斩杀，都是教训，希望您能谨慎些。"孙策说："先生的话很有道理。"然而，孙策始终改不了老毛病。他出兵袭击许昌时，到了长江口，还没过江，就像郭嘉预料的那样，被许贡的门客所杀。

郭嘉、韩琦的远见卓识和孙策的粗心大意，在此得到集中体现。孙策诛杀了那么多的英雄豪杰，有多少人不对他切齿痛恨？有多少人不想寻找机会报仇雪恨？可他却全然不放在眼里，单枪匹马，独自外出，其英雄胆气可嘉，而处事之能却甚为可怜。

所以，一定要牢记"防患于未然"之古训，不要步亡羊补牢之后尘，这是成大事的基本。有些人等到出现漏洞以后，才知道自己做错了，这是愚人所为，也会受到严重影响，甚至直接影响人的生存。

西方有句谚语：如果你不知道你要到哪儿去，那通常你哪儿也去不了。紧张而忙碌的生活往往容易使人迷失，向左走？向右走？有的时候，我们确实需要停下来，好好预计、谋划一下，做好了准备再前进，明确目标，消除隐患，少走弯路，从而达到事半功倍的效果。

孙正义是软件银行集团公司的创始人，现在是该公司的总裁兼董事长。他在不到二十年的时间里，创立了一个无人相媲美的网络产业帝国。孙正义的过人之处，是他的思维理念。他能从眼前的生意中，看到未来的生意方向和发展前景。他看未来不是十年、二十年，而是一看就是上百年。

孙正义在二十三岁时，曾花了一年多的时间来想自己到底要做什么。他把自己想做的四十多种事情都列出来，而后逐一做详细的市场调查，并做出了十年的预期损益表、资金周转表和组织结构图，四十个项目的资料合起来足有十多米高。然后他列出了二十五项选择事业的标准，包括该工作是否能使自己全身心投入五十年不变、十年内是否至少能成为全日本第一，等等。依照这些标准，他给自己的四十个项目打分排队，计算机软件批发业务脱颖而出。用十几米厚的资料做事业选择，目光放在几十年之后，这样的深思熟虑，这样的周密规划，注定了他日后的成功。

不久，他便创立了软件银行公司。其公司的软件推销业绩，居全日本第一。并且孙正义利用他的公司出了几本杂志，旨在提醒客户购买软件银行的产品。1994 年，他的软件银行公司上市，筹集到一亿四千万美元，从此，软银集团开始腾飞。

俗话说：磨刀不误砍柴工。孙正义周密谋划、预设未来。用一年的时间赢得了一生的成功。成功人士常说，把 80％ 的时间留给未来。即用 20％ 的时间去处理眼前的紧要事情，而用 80％ 的时间去做那些暂时没有收益但以后会有的重要事情。的确，走一步、看三步——预先防备和采取措施，笑得最长。笑到最后，这才是大智慧，这样才能永远立于不败之地。

生于忧患，死于安乐。忧患意识是未雨绸缪、防患未然，可以避免危险。

人无远虑，必有近忧。人生道路不可能总是一帆风顺的，人们在做事为人时只有精心规划，预于先，备于前，而后才能披荆斩棘，顺利前进。我们想问题，办事情，应该立足于可能性的复杂，从最坏处着眼向最好处努力，千万不可掉以轻心、麻痹大意。防患于未然，要居安思危，不预则废。

人 生 智 慧

◇凡事预则立，不预则废。

◇生于忧患，死于安乐。

◇人无远虑，必有近忧。

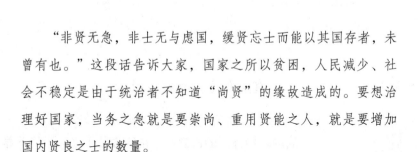

第章

墨子与我聊善用人脉

　　"非贤无急，非士无与虑国，缓贤忘士而能以其国存者，未曾有也。"这段话告诉大家，国家之所以贫困，人民减少、社会不稳定是由于统治者不知道"尚贤"的缘故造成的。要想治理好国家，当务之急就是要崇尚、重用贤能之人，就是要增加国内贤良之士的数量。

想成大事，首在用人

【聊天实录】

我：墨老先生，您对用人之道有何高见？

孟子：我曾在《墨子·亲士》中提到：非贤无急，非士无与虑国，缓贤忘士而能以其国存者，未曾有也。

我：您这句话该如何解释呢？

孟子：这句话的意思就是：没有比重用贤士更急迫的了，若没有贤士，就没有人和君主商量国家大事。怠慢遗弃贤士而能使国家长治久安的，还不曾有过。

我：您的意思是说：不论一个人的才能是大还是小，只要他的能力和长处对自己有帮助，他就可以为我所用。

孟子：是的，你说得很对，千军易得，一将难求。

【解读】

重视人才，成就自己

孟尝君

战国时期齐国的孟尝君，是四大公子之一，门下养了三千多食客，个个都有特殊的才能。一旦孟尝君遭遇困难，食客们便全力以赴，帮他解决。

秦昭襄王一向很仰慕孟尝君的才能，想拜他为宰相，但这引起了秦国大臣的嫉妒，孟尝君也因他们的谗言而被秦王软禁。

孟尝君遭到软禁后，就派人去求秦王的宠妾燕妃帮忙，但是燕妃却说："如果孟尝君送我一件和秦王一样的白狐裘，我就替他想办法。"孟尝君听了燕妃的话，不禁暗暗叫苦："白狐裘就这么一件，现在要到哪里再去找一件呢？"就在这时候，有一位食客自告奋勇地对孟尝君说他有办法。

这天晚上，这位食客就偷偷进入皇宫，学着狗叫把卫士引开，顺利地偷回当初献给秦王的那件白狐裘。孟尝君利用白狐裘收买了燕妃，燕妃果然替孟尝君说了不少好话，没过多久，秦王就释放了孟尝君。

孟尝君害怕秦王临时反悔，因此一被释放就立刻启程回齐国，并趁夜来到了秦国的边界——函谷关，只要通过了这道关口，秦王就奈何不了他了。可是深夜，城门紧闭，根本无法出关。孟尝君很着急：城门必须等到鸡鸣才会开放，但是如果等到天亮，秦王发现他们逃走后就会派人追赶他们，这该如何是好呢？

就在这时，忽然有位食客拉开嗓子，学着鸡鸣"喔……喔喔"，一时之间，全城的鸡都跟着一起鸣叫。守城门的兵将一听到这么多公鸡在叫，以为天亮了，于是就按照规定把城门打开了，孟尝君一行人就这样平安通过了函谷门，离开秦国回到齐国去了。

⤷ 善用人才，成就大事 ⤶

俗话说，千军易得，一将难求。对那些想成大事的人来说，只有得到这些有过人之处、能独当一面的贤良将才的帮助和辅佐，集中他们的超常之处为我所用，才能成功实现自己远大的理想和抱负。

《墨子·亲士》即充分强调了人才的重要性。墨子认为：大地不以昭昭为明（而美丑皆收），大水不以潦潦为大（而川泽皆纳），大火不以燎燎为盛（而草木皆容），王德不以尧尧为高（而贵贱皆亲），这样才能做千万人的首领。集千万人之长而为我所用，何愁做不成大事呢？

汉高祖刘邦曾问韩信："你看我能带多少兵？"韩信答："陛下不过能带十万之军。"刘邦又问："那么你呢？"韩信笑答："我是多多益善啊！"刘邦虽然军事才能不如韩信，但这并不妨碍他位极皇权，他说："夫运筹帷幄之中，决胜于千里之外，吾不如子房。镇国家，抚百姓，吾不如萧何。战必胜，攻必取，吾不如韩信。此三者，皆人杰也，吾能用之，此吾所以取天下也。"刘邦的高明之处就在于他能够集众人之长为我所用，从而成功地实现了夺取天下的大计。

善用人而成事者，梁山好汉也是一个很好的例子。梁山一百单八位好汉个个都有一手绝活："智多星"吴用，饱读诗书，机智过人，屡出奇谋，屡建战功；"小李广"花荣，箭法高超，百步穿杨，多次以箭法立奇功；"神行太保"戴宗，自幼便练就了一身行走如飞的本领；"浪里白条"张顺，水功无出其右，和李逵并称"黑白水陆双煞"。梁山一时内云集了四方豪杰，他们在这里不但有充分的用武之地，而且很快地在宋江的带领下打出了他们替天行道的威风，为昏庸腐败的当朝所忌惮。

善用人者易成大事，而不善用人者，就会误己误事、遗恨千古了。蜀汉时期的天纵奇才诸葛亮，上知天文，下晓地理，可惜他并不善于用人。不管是军政大计还是教化安民，他都不论巨细，事必躬亲。对于一位至忠、至诚的臣子来说，他这种鞠躬尽瘁、死而后已的工作态度并没有错，错就错在他几乎把所有的责任都扛在他一人身上。终于，在统一大业未竟之时，他就因过度操劳而抱憾早逝了，真枉生了那空前绝后的智慧。

用人的重要性已无须多言，现代人尤其是管理者、领导者和决策者，都应深刻理解墨子《亲士》篇中重视、重用贤良的思想。马云给雅虎员工作的精彩演讲中有这样一句话：懒不是傻懒，如果你想少干，就要想出懒的方法，要懒出风格，懒出境界。这也是在暗示，如果我们想成功，就得想办法让更多、更优秀的人来为我们做事，而同时我们也可以去懒，并懒出境界（实现自己的目标）。

人生智慧

◇千军易得，一将难求。

◇集千万人之长而为我所用，何愁做不成大事呢？

◇善用人者易成大事，而不善用人者，就会误己误事、遗恨千古了。

分人以事，善于授权

我：墨老先生，您对善于授权有何高见？

墨子：我曾在《墨子》中提到：贪于政者，不能分人以事；厚于货者，不能分人以禄。

我：您这句话该如何解释呢？

墨子：这句话的意思就是：对权力贪婪的人，不愿意把政事分给别人去做；看重财物的人，不愿意把俸禄分给别人享用。

我：您的意思是说：权力具有一种公共的性质，所以执政当权者更应该"分人以事"，而不应独断专行，而且，应根据职务和贡献的大小来合理分配官员的收入。

墨子：是的，你说得很对，执政当权者应该适当放权，充分地整合各种人才资源为其所用，而不可完全独断、享有权力。

【解读】

～ 授权于人，成就自己 ～

唐太宗

史载：唐太宗发现左右仆射房玄龄、杜如晦废寝忘食辛勤操劳，整天埋头阅读处理公文，就严厉地批评他们说："你们身为仆射，应该高瞻远瞩，协助我操劳国家大事，尤其是要帮我选拔贤能之士，怎么能陷在事务堆里呢？"他还给尚书省下了一道诏书：凡是琐碎事务一律交给左右丞处理，只有疑难重大的事务才能上报给左右仆射处理，这样就把房玄龄和杜如晦从繁忙的事务堆里解放出来，腾出时间让他们考虑国家大事。

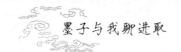

一国之君所需要做的，就是选拔一个宰相、颁布一部法律、明确一个治国原则，而后坐观其成就行了。由此带给我们的启示是：作为领导干部，尤其是高级领导干部，最重要的选好人、用好人，而不是做好具体的事务。"德泽兼覆而不偏，群臣劝务而不息，近者安其性，远者怀其德。所以然者，何也？得用人之道，而不任己之才者也。"（《淮南子·主术训》）

贞观年间，唐太宗李世民问大臣房玄龄和萧禹说："你们认为隋文帝是一个什么样的皇帝呢？"

两人想了一会儿，回答说："隋文帝能够很好地约束自己，使自己的行为符合礼的要求。他勤于为政，每次上朝，常常要拖到太阳西下的时候才退朝休息。朝中五品以上的大臣，他都要和他们一起讨论政事；担任宿卫的人，他都要和他们一起吃饭。文帝虽然不能说是仁爱英明，也算得上是励精图治的君主了。"

李世民听完，微微笑了笑，说："公等只知其一，不知其二。隋文帝这个人极其明察，可是心术不正。心术不正就会考虑不周，本性明察又容易多疑。他自己是通过欺凌前朝的孤儿寡母才得到天下的，便认为所有的臣子都不可信任，什么事都要自己决定。这样一来，虽然他费尽了心思，累垮了身体，却仍然做不到事事合理，朝臣既然已经知道了主上的为人，也就不敢再说真话了，从宰相以下，大臣们只是接受命令罢了。朕却不这样想，天下如此之大，怎么能靠一个人的思虑来治理呢？朕正在广选天下的贤才，让他们来做天下的事情。朕信任他们，同时督责他们，让他们成功。如果他们能够各尽其才，天下便可以治理好了。"

李世民的意思是说：皇帝一个人再英明，他也没有三头六臂，治理天下要靠尽职尽责的百官。

现实生活中，有些领导能力很强，经常觉得："我可以自己做，我也能做得比任何人都好。"这样的态度其实有很多问题，因为我们没有三头六臂。我们要做的事太多了，那样我们的工作就不可避免地会出问题。把那些常规性的工作派给别人去做，我们就可以腾出手来做一些更具有创造性、更重要的工作。

确实有的公司主管自身做事勤快，个性亲切。但身为领导，如果上司、下属或同事都太依赖他的话，结果别人永远无法独当一面。公司主管即使每天孤军奋战，也仍是分身乏术。

正如三国时期的诸葛亮，为了报答皇叔刘备的知遇之恩，整日勤勤恳恳，殚精竭虑，一心为刘备创造一片江山。但正因为其过分的勤勉，蜀军上上下下，事无巨细，都由他亲自过问、领导、布置，小到军队的钱粮支出，他都要一一审查。蜀国的大小将领，也都机器般地听从他的调遣，可以说一切都在诸葛孔明的掌握之中。而最后的结果却是：诸葛亮自己累死在战场上，而蜀国也由此走上了衰败之路。

所以，主管必须学会用人。我们只需决定一个大概，其他的细节则可以分给各个下属处理。这是一个让下属发挥其能力的机会，而且他们对工作细节的了解也要比主管多。但有时候，已经决定的事情开始有进展时，主管又提出了面谈，结果一切都要等主管裁决之后才能工作，口头上放松了，而实际上决定权却仍在他手中。有的主管事事过问，但我们若同他争辩，他会解释自己是如何的疲倦，他取下眼镜，按摩鼻梁来表示他的疲劳，然后告诉我们，这么多堆积在他身上的工作不知道多久才能完成。他可能会觉得他在超负荷地运转，但事实上这是失败的，从没有这样的一个"巨人"能够长期地承担所有事情的责任。公司主管，尤其是一个理智的主管，必须清楚，有许多人也许能做我们的工作，甚至会做得更好。

作为领导干部，还要善于调动众人的积极性、发挥众人的才智和力量："以天下之目视，以天下之耳听，以天下之智虑，以天下之力争"，由此才能做到"耳目不劳，精神不竭，物至而观其象，事来而应其化，近者不乱，远者治也"（《淮南子·主术训》）。化繁为简，化难为易，举重若轻，这种洒脱是一门领导艺术，也是一种境界。春秋末卫国大夫蘧伯玉因贤德闻名诸侯，孔子的学生子贡曾以"何以治国"请教于他，他淡然答道："以弗治治之。"（《淮南子·主术训》）

事必躬亲、最忙最累的领导不是好领导，圣明的君主只抓关键、要领，国家却治理得秩序井然；愚庸的君主事无巨细都要亲自过问，结果不但劳而无功，甚至政务荒废、越忙越乱。有明确的目标、统一的思想，有好的制度，就尽可以放权、放手、放心地让手下的人施展其抱负、显示其才华。

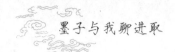

善于授权，无为而治

汉高祖刘邦死后，汉惠帝即位，当时辅佐朝政的宰相的汉代开国元勋之一曹参。惠帝慢慢发现：曹丞相一天到晚都请人喝酒聊天，好像根本就不用心为他治理国家似的。惠帝感到很纳闷，又想不出个所以然来，只以为是曹相国嫌他太年轻了，看不起他，所以就不愿意尽心尽力来辅佐他。惠帝左想右想总感到心里没底，有些着急。

有一天，惠帝就对在朝廷担任中大夫的曹窋（曹参的儿子）说："你休假回家时，碰到机会就顺便试着问问你父亲，你就说：'高祖刚死不久，现在的皇上又年轻，还没有治理朝政的经验，正要丞相多加辅佐，共同来把国事处理好。可是现在您身为丞相，却整天与人喝酒闲聊，一不向皇上请示报告政务，二不过问朝廷大事，要是这样长此下去，您怎么能治理好国家和安抚百姓呢？'你问完后，看你父亲怎么回答，回来后你告诉我一声，不过你千万别说是我让你去问他的。"曹窋接受了皇帝的旨意，休假日回家，找了个机会，一边侍候他父亲，一边按照汉惠帝的旨意跟他父亲闲谈，并规劝了曹参一番。曹参听了他儿子的话后，大发脾气，大骂曹窋说："你小子懂什么朝政，这些事是该你说的呢？还是该你管的呢？你还不赶快给我回宫去侍候皇上。"一边骂一边拿起板子把儿子狠狠地打了一顿。

曹窋遭了父亲的打骂后，垂头丧气地回到宫中，并向汉惠帝大诉委屈。惠帝听了后就更加感到莫名其妙了，不知道曹参为什么会发那么大的火。

第二天下了朝，汉惠帝把曹参留下，责备他说："你为什么要责打曹窋呢？他说的那些话是我的意思，也是我让他去规劝你的。"曹参听了惠帝的话后，立即摘帽，跪在地下不断叩头谢罪。汉惠帝叫他起来后，又说："你有什么想法，请照直说吧！"曹参想了一下就大胆地回答惠帝说："请陛下好好地想想，您跟先帝相比，谁更贤明英武呢？"惠帝立即说："我怎么敢和先帝相提并论呢？"曹参又问："陛下看我的德才跟萧何相国相比，谁强呢？"汉惠帝笑着说："我看你好像是不如萧相国。"

曹参接过惠帝的话说："陛下说得非常正确，既然您的贤能不如先帝，我的德才又比不上萧相国，那么先帝与萧相国在统一天下以后，陆续制定了许多明确而又完备的法令，在执行中又都是卓有成效的，难道我们还能制定出超过他们的法令规章来吗？"接着他又诚恳地对惠帝说："现在陛下是继承守业，而不是在创业，因此，我们这些做大臣的，就更应该遵照先帝遗愿，谨慎从事，恪守职责。对已经制定并执行过的法令规章，就更不应该乱加改动，只能是遵照执行，我现在这样照章办事不是很好吗？"汉惠帝听了曹参的解释后说："我明白了，你不必再说了！"

曹参在朝廷任丞相三年，极力主张清静无为不扰民，遵照萧何制定好的法规治理国家，使西汉政治稳定、经济发展、人民生活日渐提高。他死后，百姓们编了一首歌谣称颂他说："萧何定法律，明白又整齐；曹参接任后，遵守不偏离。施政贵清静，百姓心欢喜。"

人生智慧

◇用人之道，而不任己之才者也。

◇以天下之目视，以天下之耳听，以天下之智虑，以天下之力争。

◇事必躬亲、最忙最累的领导不是好领导。

管理精髓，赏罚分明

【聊天实录】

我：墨老先生，您对赏罚分明有何高见？

墨子：我曾在《墨子·尚同》中提到：上之为政，得下之情则治，不得下之情则乱。何以知其然也？上之为政，得下之情，则是明于民之善非也。若苟明于民之善非也，则得善人而赏之，得暴人而罚之也。善人赏而暴人罚，则国必治。

　　我：您这句话该如何解释呢？

　　墨子：这句话的意思就是：居上位的人治理政事，了解下面的实情就能治理好，不了解下面的实情就会混乱。怎么知道是这样呢？居上位的人治理政事，了解下面的情况，就是要明白人民所喜欢和厌恶的。如果知道人民所喜欢和厌恶的，那么得到好人就奖赏他，得到暴虐之人就惩罚他，好人得到赏赐而暴虐之人得到惩罚，那么国家一定太平。

　　我：您的意思是说：你想要什么，就该奖励什么；你不想要什么，就要惩罚什么！

　　墨子：是的，你说得很对，这就是管理的精髓。

【解读】　　齐国强国靠人才

　　齐威王（前356—前320年在位）即位初年不理朝政，周边各国常来进攻，出现"诸侯并伐，国人不治"的局面，后来听从了大臣淳于髡的劝谏，专心治理国家。

　　有一段时间，威王经常听到有人在他面前说即墨大夫的坏话和阿大夫的好话，但他并没有听风就是雨，而是分别派人深入到即墨和阿这两个地方进行了明察暗访。

　　在掌握了第一手情况之后，他亲自召见了即墨大夫，对他说："自从你到即墨上任以后，毁谤你的话便天天报到我这里来，可是我派到即墨去视察的人回来却对我说：你那里的田野都被开辟成了良田，百姓生活富足，官吏清闲无事，国家东部因而很安宁，可见你是从不贿赂我身边的人来为你帮忙的。"即墨大夫不但没受处分，反而得到了大大的封赏。

　　过了几天，威王又召见了阿大夫，严厉地训斥道："自从你去主管阿地后，赞扬你的话就天天报来，但我派到阿地去视察的官员回来却汇报说：你那里田野荒芜，百姓受穷挨饿。还有，以前赵国攻打鄄地，你不去救援；卫国攻取薛陵时你又全然不知……可见你是用金钱贿赂了我身边的人，求他们为你说好话的！"接着便下令处死了阿大夫以及身边那些曾经称赞过阿大夫的一群小人。

从此，齐国群臣和地方官吏中再也没有人敢弄虚作假了，人人都尽心尽责，努力工作，很快便使国家大治，国力日强，且称雄于天下，成就了春秋五霸之一的大业。

赏罚分明，管理精髓

古代兵书上说：如果奖赏无功者，惩罚无罪者，部属就会背叛你。由此可见古人深谙赏罚为治军之道，墨子亦是如此。

赏罚严明是墨家核心思想之一，在墨子的论著中多有论及。如墨子在《尚贤》中说："苟赏不当贤而罚不当暴，则是为贤者不劝，而为暴者不沮矣。"墨子的尚贤，主张对贤能之士予以重赏，"高予之爵，重予之禄，任之以事，断予之令"，这叫"赏誉当贤"。同时对暴者、不肖者加以惩处，实施"罚当暴"原则。又如《兼爱》中有"劝之以赏誉，威之以刑罚"。

墨子赏罚严明的言论，无论对治国，还是治业，都有一定的指导作用。

春秋战国时期，魏国的大军师吴起向君王魏武侯建议：当武侯于祖庙设宴款待国家的有功之臣时，席位应该按功绩的大小分列成前、中、后三排。建立了上等功绩的功臣当坐于前排，享受最上等的菜肴和最好的餐具；功绩稍次的臣子坐于中排，餐具和菜肴相对差些；而没有功绩的人就坐在最后面，菜肴和餐具当然是最次的了。同时，在宴席之后，还要在庙门之外对有功之人的家属，按其功绩大小进行赏赐。这样，不仅有功者受到了与其功绩相称的恩宠，而无功者亦于无形中受到鞭策，使之以此自勉，以图日后立功。

吴起的建议与墨子如出一辙，虽然做法在现代并不完全适用，但其精神，无论在行政管理，还是商业战场上仍然值得我们借鉴与思考。

管理者对下属的功绩，一定不能忽视。当然，对下属的功劳大有大的奖励方法，小有小的鼓励方式，要因人而异、因功绩而异，但一定要遵循一个前提，就是赏罚分明。

有过必要罚。一个团体必须讲究纪律，不能因这个人平时对我好或者是亲朋好友，有过就不惩罚，很容易引起别人的不平。领导者应有过必罚，不能优柔寡断，感情用事，这样才能团结一致，有效地调动所有员工的积极性。

有功必要赏。部属有功劳而不奖赏，他就会失望，久之就不愿再立功，甚至造成上下离心离德，难以领导。《说苑》中说："有功者不赏，有罪者不罚；多赏者进，少赏者退；是以群臣比周而蔽贤，百吏群党而多奸；忠臣以诽死于无罪，邪臣以誉赏于无功。其国见于危亡。"所以有功必赏，即可以激励员工的工作态度，也能融洽上下关系。

人 生 智 慧

◇管理精髓，赏罚分明。

◇苟赏不当贤而罚不当暴，则是为贤者不劝，而为暴者不沮矣。

◇劝之以赏誉，威之以刑罚。

善识人才，知人善任

【聊天实录】

我：墨老先生，您对知人善任有何高见？

墨子：我曾在《墨子》中提到：钓者之恭，非为鱼赐也；饵鼠以虫，非爱之也。

我：您这句话该如何解释呢？

墨子：这句话的意思就是：钓鱼的人躬身，并不是为了向鱼表示致敬；

捕鼠人用虫子引诱老鼠，并不是因为喜爱老鼠。

　　我：您的意思是说：每一种行为表面的背后，都隐藏着其本质，我们在具体考察人和事的时候，一定要通过现象看本质，要把动机和效果结合起来考察，不要为表面现象所迷惑。

　　墨子：是的，你说得很对，合其志功而观焉。

【解读】

善于识人，才能用人

　　战国时，齐相靖郭君善于识士用人，当时他门下有一门客叫齐貌辨，此人毛病很多，其他门客都不喜欢他，唯独靖郭君例外，门客士尉为此谏靖郭君，但靖郭君不听，于是士尉告辞离开了靖郭君的门下，孟尝君私下也为这事劝说过靖郭君，靖郭君大怒说："即使把你们都杀死，把我的家拆得四分五裂，只要能让齐貌辨先生满足，我也在所不辞！"他让齐貌辨住在上等客舍，让他的长子侍奉。

　　过了几年，齐威王死了，齐宣王即位，靖郭君的处世交往很不得宣王赞许，他被迫辞官，回到封地薛处居住，仍跟齐貌辨在一起，在薛地住了没多久，齐貌辨向靖郭君辞行，请求让他去拜见宣王。靖郭君说："大王不喜欢我到极点了，您去必定遭到杀害。"齐貌辨说："我本来就不是去求活命的，我一定要去！"靖郭君劝不住他，只好同意他去见齐宣王。齐貌辨走了，到了齐国都城。齐宣王听说了，非常生气地等着他。齐貌辨拜见宣王，齐宣王说："你就是靖郭君言听计从，非常喜爱的那个人吧？"

　　齐貌辨回答说："喜爱是有，至于言听计从根本谈不上。有两件事说给您听听，大王您就知道了。一件事是，当初大王做太子的时候，我曾对靖郭君说：'太子耳后见腮，下斜偷视，相貌不仁，像这样的人悖理行事，不如废掉太子，改立卫姬的幼子校师。'靖郭君流着泪说：'不行，我不忍心这样做。'如果靖郭君听从我的话并这样做了，一定不会有今天的祸患；第二件事是，靖郭君回到封地之后，楚相昭阳请求用大于薛地几倍的地方交换薛城。我劝他说：'应该答应他。'靖郭君不同意，说：'我从先王那里继承了薛地，现在虽被后王所厌恶，但我忠于先王的心仍旧没有变，我如果将薛地换给别人，怎么对得起先王呢？'这两件事就足以证明靖郭君对您的忠心。"

齐宣王听后长叹，神情激动地说："靖郭君对我竟爱到如此地步，我年龄幼小，这些都不知道，您愿意替我把靖郭君请回来吗？"

齐貌辨回答说："好！"于是，靖郭君来到国都，穿着齐威王所赐的衣服，戴着齐宣王所赐的帽子，佩着齐威王所赐的宝剑，齐宣王亲自来到郊外，流着眼泪迎接靖郭君，并请他出任齐国宰相。

自己能够了解别人，即使有人非议那个人，也不怀疑自己的判断力。这也就是齐貌辨为什么置生死于度外，拼命为靖郭君排危解难的原因，靖郭君也正是因为自己独到的眼光而免去了一场大祸。

识人不是几分钟的事情，特别是对于那些暂时没有显露出才干的朋友。我们切不要急，要给他时间和机会。须知，小聪明随时都可以表现出来，但大智慧却要在特殊的时期显露。

其实，早在三国时期，被认为是智慧化身的诸葛亮就十分强调领导者要善于知人，他认为人"美恶悬殊，情貌不一。有温良而伪诈者，有外恭而内欺者，有外勇而内怯者，有尽力而不忠者……"的确，人的真善美与假恶丑，并不都表现在情绪和脸上，所以也不能通过观其脸色或是从一般的表现上看出来。有的人表面看来温良，而实际却十分狡诈；有的人外表谦恭，而内心虚假；有的让人感觉勇不可当，实则非常胆小怯懦；有的人处在有利的环境时能够尽力，而一旦处于逆境、环境变化时就不能忠于事业和信仰了。

因此，用人应该知其性格如何，知识面宽窄，应变力如何，勇敢与否，意志是否坚强，是否廉德，信用如何，等等，领导者要亲自考察自己直属的下级，切不可凭个人的感情和印象用人。

对于领导者用人，诸葛亮的"知人"方法有很大启发性。其方法为：

"问之以是非，而观其志"——领导者在与下级讨论对各类事物是非对错的看法时，通过观察对方的观点、立场、信仰、志向等了解他是否意志明确坚定。

"穷之以辞辩，而观其变"——领导者就工作中某些现实问题的处理意见，与下属进行辩论，在此过程中提出质疑，以此来考察下属的智慧和应变能力。

"咨之以计谋，而观其识"——领导者对于一些重大问题的谋略和决策方案，要不断地询问下属，以考察下属是否有能力和见识。

"告之以祸难，而观其勇"——领导者可以跟下属说明其可能面临的灾祸和困难，来识别对方能否临危不惧，勇往直前。

"醉之以酒，而观其性"——领导在与下属一起欢聚时，可以劝其饮酒，来观察下属是否贪杯，酒后能否自制以及表露出怎样的性格，是否表里如一，等等。

"临之以利，而观其廉"——领导者可以将下属安排在有利可图或是可以得到非分利益的工作岗位上，观察他是廉洁奉公、以人民利益为重，还是贪图私利、见利忘义，或者只顾小集团的利益。

"期之以事，而观其信"——领导也可以委托下属去独立完成某种工作，看他是恪尽职守、克服困难，最终想办法把事情办好，还是欺上瞒下、应付了事，以此来考察下属是否忠于职守、恪守信用。

如今，很多企业都已建立了一整套特定的、有效的对领导干部进行日常考核、定期测评和员工监督评议的制度和方法，但是，前人的宝贵经验仍是领导者应该吸取的营养，这些方便考察而又能见微知著的做法，更值得现代领导者借鉴。

我国宋代诗人陆九渊有句名言——"事之至难，莫如知人"。人是最复杂的动物。因此，生活中往往很难从人的外貌看出他真正的内在意图，尤其是那一些表里不一而又善于伪装的人，就更难以辨别了。虽然人才很难辨识，但如果能察言观色、见微知著、由表及里地观察、审视一个人，就能通过现象看到本质，这样才能避免被假象所迷惑，才能做出正确的选择。

因人议事，知人善任

秦王之后，楚汉相争。初期，刘邦与项羽相比，无论在军事上还是政治上，都完全处于劣势。在各路义军进攻秦的时候，曾共同约定，谁先进入秦都咸阳谁就为王。结果刘邦首先进入咸阳后，摄于项羽的威势，不但不敢擅自称王，而且不得不封存库银，静候项羽的到来。

项羽打算灭掉刘邦，便在鸿门设宴，邀请刘邦前往。刘邦虽明知杀机四伏，却只能硬着头皮前往，幸好有张良、樊哙等人拼力保驾，刘邦才得以死里逃生，刘邦与项羽两人的实力差距，由此可见一斑。可令人意想不到的是，楚汉之争的结局却是以项羽兵败垓下，自刎乌江，刘邦登基建立汉朝而告终。

那么，到底刘邦胜于何处呢？原因也许很复杂，但究其根本，则恐怕就在于"能否得人用人"上。用人先识人，正是得人者得天下，失人者失天下。

刘邦建立汉朝，定都洛阳后，便在南宫摆宴庆功。他回首自己出身草莽，斩白蛇而起义，却能转战南北，终成帝业，感到十分满意自得。对于自己能够在楚汉之争中取胜的原因，他想听一下臣属们的看法。刘邦要大臣们说实话，不必隐瞒自己的想法。

高陵和王起二人回答说："您与项羽为人处世大不相同，您对人虽然傲慢无礼，但您在派人攻克城池和占领地盘之后，就将所得到的城池和土地封赏给有功的将领；与此相反，项羽对人虽然仁爱恭敬，但他嫉贤妒能，加害忠臣，怀疑贤良，不能做到赏罚分明，这就是项羽失天下的原因。"

刘邦听完，说："诸位只知其一，不知其二，运筹帷幄之中，决胜千里之外，我不如张良；安邦定国，抚慰百姓，供应物资，不绝粮饷，我比不上萧何；统率百万大军，每战必胜，每攻必克，我又不如韩信。这三个人都是人中豪杰，我能重用他们，这才是我所以能得天下的根本原因。至于项羽，虽然有一个范增却不能重用，这就是他最终被我消灭的原因。"

刘邦的这番话的确很深刻，道出了事业成败的关键在于人才。项羽并非手下无人，当初他力量强大，名声显赫，名人志士纷纷前往投奔，可他很少能对他们充分利用，委以重任。他最得力最有才识的谋士范增，得到了他的尊重，称为"亚父"，可最终还是得不到他的信任。项羽对他一直疑心重重，经常不纳良言，终于中了刘邦的离间计，气走了范增，成为孤家寡人。击败项羽的大将韩信，起初投在项羽帐下，仅被委任为执戟郎，充当卫士，这才背楚向汉，经萧何力荐被刘邦拜为大将，立下赫赫战功。刘邦的谋士陈平，与韩信一样，也是从项羽处逃亡汉营的，陈平施反间计气走了范增，投靠刘邦，任汉丞相多年。正是由于刘邦善于识人用人，帐下谋士众多，猛将如云，集聚了一批文武干才：张良、萧何、韩信、陈平、周勃、灌婴、郦食其、曹参、樊哙等，才得以建立了大汉王朝。

显然，刘邦之所以能够战胜项羽，平定天下的重要因素就是他能够做到爱惜人才、知人善用。俗话说："千军易得，一将难求。"对于那些想成就一番事业的人而言，只有得到有过人之处、能独当一面的贤才良将的辅佐，并博采其长、为己所用才能实现自己远大的理想和抱负。

唐太宗李世民说过："智者取其谋，愚者取其力，勇者取其威，怯者取其慎。"他是在强调作为领导者应该因人任事、知人善任。史载，唐太宗令封德彝举荐人才，封领命后很久都没有举荐一个人。太宗追问原因，封德说："非不尽心，但于今未有奇才耳！"太宗责备他道："君子用人如器，各取所长。古之致治者，岂借才于异代乎？正患己不能知，安可诬一世之人！"（《资治通鉴》卷一九二）人各有所长，用人就要根据不同人的特点而各取所长。

曹操在知人善任方面也有出色表现。郭嘉在分析曹操十胜、袁绍十败时曾经指出："绍外宽内忌，用人而疑之，所任唯亲戚子弟，公外简而内机明，用人无疑，唯才所宜，不问远近，此度胜四也。"（《三国志。魏书·郭嘉传》）比如曹操并不因为外人忠于旧主或有人对自己谄媚而模糊选才用才的标准，蔡瑁、张允卖主求荣，曹操虽一时利用，但心中却早有处置；汉中杨松贪财卖主，献城给曹操，仍被曹操斩首示众。而对忠贞的张辽、文聘，曹操慧眼识才，不仅由衷赞赏，而且加官

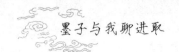

晋爵，委以重任。特别是晚年，曹操大胆重用与自己意见相左而才华出众的司马懿，最终实现了统一中原的愿望。

可见，用人得当，合理分配工作是十分重要的，那么，领导者应该如何分配工作呢？

1. 任务要统筹把握

在分配工作时，领导者首先应考虑分配对象是否能够完成任务，并保证总体目标的实现。但是，如果总是立足于这一点，就会忽视和放松对下属的培养以及调动其工作的积极性，必然就会减弱企业的生机与活力，造成企业的后劲不足。

正确的指导思想应该是"远"与"近"的结合，既要保证完成目前的任务，又要注意从长计议，注意人才的培养。

2. 工作标准要高低适度

在同等条件下，领导者分配工作时要公平合理，平等待人，否则，下属就必定会不满。俗话说：不怕苦，就怕不公。说的就是这个道理。

在外在条件、内在素质等因素均有差异的情况下，既要一视同仁，从严要求，又要因人而异，有所区别。

3. 分配任务要强弱互补

遇到需要多人紧密配合才能完成一项具体任务的情况时，在确定人员、明确分工和具体职责时，既要充分发挥他们各自的优势，又要注意挖掘他们之间的合力和互补作用。尽量做到使他们能够在性格上相合，心理上相融，能力上相补，最终达到 1＋1＞2 的最佳效果。可以将粗心的人与十分细心的人搭配起来，让性格急躁的人和稳健的人一起合作，使他们能够互相提醒与开导，取长补短，发挥更大的力量。

4. 用人才要扬长避短

一个人身上的长处和短处不是一成不变的，"长"可以"短"，"短"也可以"长"。在分配工作时，在允许的条件范围内，领导者要力求扬长避短，尽量发挥各自的特长，使其有用武之地，这样便有利于调动下属的积极性，搞好工作。

领导如果采取"短兵长用"的方法，往往能够获得意想不到的效果。

　　墨子非常强调贤士的重要性，贤士关系到国家的兴衰成败、长治久安，执政当权者应该以国家为重，从大局出发来亲近和重用他们，要充分发挥贤士的才智，让其献言献策，乃至委以治国理政的重任。

人生智慧

◇合其志功而观焉。

◇事之至难，莫如知人。

◇用人才要扬长避短。

不拘一格，降下人才

【聊天实录】

　　我：墨老先生，您对不拘一格降人才有何高见？

　　墨子：我曾在《墨子·贵义》中提到：彭氏之子曰："伊尹，天下之贱人也。若君欲见之，亦令召问焉，彼受赐矣。"汤曰："非汝所知也。今有药此，食之则耳加聪，目加明，则吾必说而强食之。今夫伊尹之于我国也，譬之良医善药也。"

　　我：您这句话该如何解释呢？

　　墨子：这句话的意思就是：彭氏之子说："伊尹是天下的贱人，如果您要想见他，就派人把他召来问问，他就算受到恩赐了。"商汤答道："这你就不懂了，现在这里有一种药，吃了它耳朵会更加灵敏，眼睛会更加明亮，那我一定会高高兴兴地尽量吃药。现在那个伊尹对我们国家来说，就像良医好药。"

我：您的意思是说：见解的高低、才能的大小是不能以尊卑贵贱的出身来衡量论断的。有用的意见和建议，即使是出自卑微之人的口中，只要对于治理国家有利，就应该被重视和采纳，像一棵草根，只要这棵草根有药用疗效的价值，能够医治人的疾患，就应该服用一样。

墨子：是的，你说得很对，统治者应"唯才是举"，而不能因人废言，"出身论"有害而无益。

【解读】 国家发展重在唯才是举

汉武帝，即刘彻，景帝子，于景帝后元三年（前141年）即位。汉武帝在位期间，实行了一系列行之有效的治国策略，国家欣欣向荣，一片繁荣景象，这很大程度上得益于他"不拘一格降人才"的举措。

汉武帝即位不久便下诏书：要求丞相、御史、列侯等各级官僚推举贤良方正、敢于直言进谏的读书人到朝廷做官。同时，还鼓励天下吏民直接给皇帝上书，提意见，发表自己的见解。汉武帝求贤若渴，对所上奏章大都认真阅读，并从中选拔出不少有才干之人，如董仲舒、主父偃、严安、朱买臣等著名的思想家、政治家，而其中的朱买臣和主父偃出身贫寒，之前甚至是以砍柴为生。

元光元年（前134年），汉武帝再次下诏，命举贤良上书对策，董仲舒在所上《天人三策》里提出统一思想的主张，要求将那些不符合儒家六经宗旨和孔子之术的思想学说一律禁止，不允许其存在。这迎合了汉武帝欲加强中央集权的思想，得到了武帝的赞赏。不久，武帝便任命他为江都相，同时下令全国罢黜百家，独尊儒术。汉武帝将儒家思想定为一尊，对此后的中国社会产生了极其深远的影响。

在冷兵器时代，战马、弓箭、利刀都是战争取得胜利的重要条件，但人才才是战争能否取胜的根本。抗击匈奴的一代名将卫青，刚开始只不过是一个骑奴，在等级森严的封建社会，奴隶的社会地位极低，但汉武帝却不管卫青的社会地位，唯才是举，大胆重用。而另一抗匈名将霍去病，二十岁就被汉武帝大胆启用，成为将军。

在漫长的封建王朝中，凡是有作为的皇帝，基本上都能做到"不拘一格降人才"，唯才是举。刘备之于诸葛、刘彻之于卫青、太宗之于魏征、康熙之于周培公，无不与墨子关于人才的"草药"说相印证。这些例证的共同点就在于：只要对自己发展有利，就"不拘一格"而用之，而这恰恰是现代经营者不得不学习的。

不拘一格降人才

诗人龚自珍痛感于清廷衰弱腐朽，国家内忧外患，曾发出了"我劝天公重抖擞，不拘一格降人才"的呼唤，令人赞叹。而墨子与穆贺的一番话，同样道出了"不拘一格降人才"的真谛。

墨子游历到了楚国，便去拜见楚惠王，惠王以年老为借口推辞，派穆贺来见墨子。

墨子向穆贺游说，穆贺大悦，对墨子说："你的主张，实在好啊！然而君王，是天下的大王，恐怕他会说'是贱人所干的'，而不采纳吧？"

墨子说："只要它是可行的，就像药一样，一把草根，天子吃它来治疗自己的病，难道会说'一把草根'而不享用吗？现在农民把他们的赋税缴纳给贵族，贵族置办酒类谷物等来祭祀鬼神，鬼神难道会说'这是贱人种的'而不吃吗？所以即使是贱人，往上把他比作农民，往下把他比作草药，难道尚不如一把草根吗？况且您也听说过商汤的传说吧？从前商汤将要去见伊尹，让彭氏之子驾车，彭氏之子说：'伊尹是天下的贱人，如果您要想见他，就派人把他召来问问，他就算受到恩赐了。'商汤答道：'这你就不懂了。现在这里有一种药，吃了它耳朵会更加灵敏，眼睛会更加明亮，那我一定会高高兴兴地尽量吃药。现在那个伊尹对我们国家来说，就像良医好药，而你却不想让我见伊尹，这是你不想让我们的国好。'于是便将彭氏之子赶下去，不用他驾车。如果楚王像商汤一样，那以后就能采纳贱人的意见了。"

墨子认为：有才能的人，即使身份卑微得像草根，可只要这草根有草药般的药效，能治疗国家疾患，那么他的意见就应该被采纳，他就应该受到重用，这与诸葛亮的"先帝不以臣卑鄙"、龚自珍的"不拘一格降人才"的道理如出一辙。

在任何时代，墨子暗示的这种不拘一格，唯才是举的主张，都不失其启迪作用。

回到我们现代的企业，尽管大家都在说人才的重要性，但又有几个企业能像刘备、汉武帝、唐太宗等一样唯才是举，不拘一格降人才呢？

企业招聘时，往往会首先列出招聘条件：学历、工作年限等等。要求是大学学历的，不是大学学历的一律免谈；要求是工作年限三年的，工作两年半的就免谈；要求是北京户口的，上海户口的就免谈，等等。他们忘了企业招聘人才的目的是招真正能适合企业，真正能为企业所用的人才，如此种种条件只会将真正的人才拒于企业的门外。今天的经营者应该从墨子的言语中得到启发，积极改善这种对企业发展不利的用人方式。

人生智慧

◇唯才是举，大胆重用。

◇统治者应"唯才是举"，而不能因人废言。

◇我劝天公重抖擞，不拘一格降人才。

用人不疑，疑人不用

【聊天实录】

我：墨老先生，您对用人不疑，疑人不用有何高见？

墨子：我曾在《墨子》中提到：夫唯能信身而从事，故利若此。

我：您这句话该如何解释呢？

墨子：这句话的意思就是：做事诚信，相信别人，才能将事情办成，从而在其中得到利益。

我：您的意思是说：下级应该尚同于上级政长的意见，上级政长反过来也一定要信任和重用下级。也就是说，既然任用他们，就要真心地相信他们，这样才能换来下属真诚的回报，

墨子：是的，你说得很对，正所谓"疑人不用，用人不疑"，就是这个道理。

【解读】 ～ **重用人才，利人利己** ～

在现代企业中，人才是塑造企业品牌的核心资源。因此，在管理模式上，出现了由"以物为中心"向"以人为中心"转变的人本管理，人才竞争也因此成为企业竞争的重要内容。"以人为中心"的管理要求理解人、尊重人，充分发挥人的主动性和积极性，每一位明智的小老板，都会选择这么做。

作为小公司而言，小老板在用人方面可以有许多做法，但要使人才充分发挥自己的聪明才智，信任是最为重要的。也许经常能够听到某大企业的老总在谈到用人时会说："信任是我用人的第一标准。"这句话不仅是事实，更是用人的前提。用人不疑，疑人不用。身为小老板，既然选择了他，便不应怀疑，不应处处不放心。既然怀疑他，便不要用他好了。用而怀疑，实际上是最失策的。

索尼公司的创始人盛田昭夫，为了表示自己对人才的信任，他将所录用的人的人事档案烧掉，只看行动，不问过去如何。英雄不问出处，只看眼前表现。信任才是解除小老板内心猜疑的第一答案，这也是令小老板获得成功的经验之谈。

要搞好现代企业，就要把信任作为企业最好的投资。信任是未来管理文化的核心，它代表了先进企业未来的发展方向。松下集团在新员工上班的第一天，就对员工进行毫无保留的技术培训。有人担心，这样可能会泄露商业秘密。松下幸

之助却说：如果为了保守商业秘密而对员工进行技术封锁，员工会因为没掌握技术而生产更多的不合格品，加大企业的生产成本，这样的负面影响比泄露商业秘密带来的损失更为严重。而对于以脑力劳动为主要方式的企业（如软件业），其生产根本无法像物质生产那样被控制起来，信任也是唯一的选择。

是的，在现代社会，领导者同样需要"信身而从事"，要信任下属，放手让他们去做事，给予他们一定的权力和行事的自由，不能听到一些对他们不利的言语就产生怀疑，否则便会造成上下级之间的相互猜疑和隔膜，影响正常工作的开展。领导者就应该从整体和全局的立场出发，充分信任下属，然后再详察审断，这样才有利于各项工作的开展。总之，为了事业的成功，必须建立上下级之间的信任关系，而这需要身居领导职位的人自己首先要具有诚信意识。同时还要相信他人，要以宽广坦荡的心胸对待他人，以换取他人的真诚和信任，而切不可让猜忌和怀疑败坏上下级的精诚团结和彼此信任的关系。

晋商之所以能够在中国商业史上独树一帜，甚至在亚洲与世界商业史上占据一定的位置，与其运用中国人的传统智慧，创造出一系列企业经营方面的独到经验是分不开的。其中，就有"疑人不用，用人不疑"之道，对今天的商场经营有较大的借鉴意义。"信身而从事"，既利国利家，也利人利己，是值得我们每个人身体力行的。

用人不疑，才能成功

在封建社会里，明君与昏君的一个重要区别就在于用人。明君用人不疑，使谋臣忠于内，将帅战于外，尽心竭力，报效朝廷。而在现代社会用人不疑，充分发挥人才的聪明才智，更是每一位老板成就一番事业的重要保证。

纵观历史，这方面做得最好的，想必只有非清末大亨的曹财东莫属了！

清朝末年，山西太谷的曹家，觉得沈阳是个很有前途的市场，于是，想在沈阳开设一家钱庄。随后，曹家的曹财东对掌柜的人选，进行了慎重的选择，一方面求人推荐，另一方面自己亲自查访应聘人的身世、家世，多方考察其品行、道德、能力，最后，在一位德高望重、家中殷实的保荐人的推荐下，才正式聘用了一位掌柜，并将七万两银子交给他做本钱，打发其赴沈阳上任。

然而，让曹财东没有想到的是：这位掌柜在沈阳经营的这几年，不仅没有为东家赚到钱，反而，还将东家的七万两本银也赔了进去。万般无奈之下，这位掌柜只得回太谷，向东家汇报这几年钱庄的经营状况。在见到东家后，他一一分析了赔钱的主、客观原因，并申明不是自己不尽职守，实在是有些意想不到的因素，导致了亏损，他愿意承担责任，即使被辞退也毫无怨言。

曹财东听了掌柜的全面汇报之后，也感觉到了赔钱的原因符合实际，还入情入理，在心中认真考虑了一番后，不但没有生气与责怪掌柜，反倒问他："你还敢不敢继续干？"掌柜的不明白是怎么回事，却肯定地连连点头，随后，曹财东又给掌柜拨付了第二笔资本，得到东家的鼓励以后，这位掌柜携资再赴沈阳。

料想，几年过后，掌柜将第二笔资本又赔光了。此时此刻，掌柜感到十分惭愧，一再向东家表示自己的歉意，并且还决定以引咎辞职来赎罪。但是，曹财东在听了掌柜的第二次赔钱报告后，做出了一个令他感到震惊的举动，因为东家竟然又拿出了第三笔本钱，并继续鼓励他不要灰心，认真总结经验教训，相信他一定能经营好钱庄。

掌柜见曹财东对自己如此信任，不禁感激涕零，并下定决心一定要干成、干好，以报答东家对自己的知遇之恩，否则，再也无颜见三晋的父老乡亲了！再次回到东北那片熟悉的土地以后，掌柜重振旗鼓，整顿人事，在总结了前两次赔本教训的基础上，针对目前的实际情况，改变了曾经的经营方法。令人振奋的是，没过多久，掌柜的改革，便收到了明显的效果。

几年后，钱庄不仅赢回了前两次赔的钱，而且还获得了巨额的盈利。

掌柜感念曹家的恩德，不敢居功自傲裹足不前，于是，在钱庄恢复生机之时，依然想尽办法来扩大经营，他用赚来的钱，根据东北盛产高粱的优势，为东家在

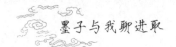

四平街新开办了富盛泉、富盛长、富盛成、富盛义四家酿酒店，经过掌柜的细心管理，这些酿酒店的生意是红红火火，而另一边钱庄也不落下，不但在沈阳成为了首屈一指的大户，还为曹家赚了大量的黄金白银！

从曹财东的经营理念之中，我们不难发现"信任"这两个字，而他也在用自己的亲身经历，告诉我们，应学会善用人才，即使遇到年终结算发生亏赔，只要不是人为失职或能力不足造成的，就继续选择相信。虽然，曹财东选人非常之谨慎，但他却是用人不疑，在著名的古代晋商之中，他这种惜才、爱才的做法，早已传为了一种美谈，并为众多"财东"所仿效。

其实，在现代商业经营过程中，曹财东那种识人、用人的眼光与用感情重托，使员工们殚精竭虑，以图报效的领导艺术，亦是非常值得借鉴的。对于从事商业的人而言，晋商的经营智慧不容小视，它凝聚了中华文明所有的商业精华，聪明的商人，一定能在其中收获良多。

人生智慧

◇用人不疑疑人不用。

◇英雄不问出处，只看眼前表现。

◇在封建社会里，明君与昏君的一个重要区别就在于用人。

第 五 章

墨子与我聊道德修养

　　"爱人者人必从而爱之，利人者人必从而利之。"这句话告诉大家，凡是爱别人的人，别人也必然爱他，有利于别人的人，别人也必然会为他牟利。人与人之间都是将心比心的，投之以桃报之以李。撒播善种，才能收获善果。

己所不欲，勿施于人

【聊天实录】

我：墨老先生，您对像爱自己一样去爱别人有何高见？

墨子：我曾在《墨子·兼爱上》中提到：若使天下兼相爱，爱人若爱其身，犹有不孝者乎？

我：您这句话该如何解释呢？

墨子：这句话的意思就是：假若天下都能相亲相爱，爱别人就像爱自己，还能有不孝的吗？

我：您的意思是说：光爱自己是远远不够的，也不是真正的有爱心，做人有爱心，最主要的还是要能爱别人，要有博爱之心，那怎样去爱人呢？这就要求我们要平等，己所不欲、勿施于人，像爱自己那样去爱别人。

墨子：是的，你说得很对，像爱自己一样去爱别人，这世界还会有伤争、仇怨吗？爱人，并不是不爱自己，当然你更该的是去爱别人。

【解读】 以德报怨，收获人心

战国时梁国与楚国相邻。两国颇有敌意，在边境上各设界亭（哨所），两边的亭卒在各自的地界里都种子西瓜。梁国的亭卒勤劳，锄草浇水，瓜秧长势良好；楚国的亭卒懒惰，不锄不浇，瓜秧又瘦又弱，目不忍睹。

人比人，气死人。楚亭的人觉得失了面子，在一天晚上，乘月黑风高，偷跑过去把梁亭的瓜秧全都扯断。梁亭的人第二天发现后，非常气愤，报告县令宋就，说我们要以牙还牙地过去把他们的瓜秧扯断！

宋就却说道："楚亭的人这种行为当然不对，别人不对，我们再跟着学就更不对，那样未免太狭隘、太小气了。你们照我的吩咐去做，从今开始，每晚去给他们的瓜秧浇水，让他们的瓜秧也长得好。而且，这样做一定不要让他们知道。"梁亭的人听后觉得有理，就照办了。

楚亭的人发现自己的瓜秧长势一天比一天好起来，仔细观察，发现每天早上地都被人浇过，而且是梁亭的人在夜里悄悄为他们浇的。

楚国的县令听到亭卒的报告后，感到十分惭愧又十分敬佩，于是上报楚王。楚王深感梁国人修睦边邻的诚心，特备重礼送梁王以示歉意，结果这一对敌国成了友好邻邦。在矛盾面前，应该大事化小，小事化了，不要冤冤相报，没完没了，古人尚且知道这样的道理，我们应该如何面对呢？不要抱怨别人对我们不好，因为我们用什么样的心态对待别人，别人就用什么样的心态对待我们。不能友好示人的人，也终究只有敌人，而我们的错也已经无可挽回了。

中国古代哲人有"以德报怨"这种做人方式，对于这一点我们当然不可能要求每一个都做到，在当今这样一个物欲横流的时代，这种处世方式对年轻人来说是一种苛求了，但是，我们的老祖宗毕竟是高瞻远瞩的。做人也一样，如果凡事都像对待自己一样去对待别人，把敌人当成朋友，那么还有什么不可以平心静气地解决呢！

爱，是一个你中有我，我中有你的爱心圆。

尽自己所能去帮助别人

韦利是一个患有先天性心脏病的小男孩，但他开朗活泼，和所有的人几乎都能成为朋友。正是因他的乐观和快乐，很少有人知道他是一个可能随时离开人间的高危病人。

韦利有早起晨练的习惯，尽管医生不让他做高强度和激烈的运动，但韦利还是愿意早起看看清晨看看太阳看看一天的开始是如何的美丽。那是一个薄雾和轻烟笼罩的早晨，韦利走到城市中央广场的时候，发现一个人倒在地上，身上洒落了露水，脸色发紫呼吸微弱，显然他正处在生命即将逝去的危险之中。韦利早已知道心脏病发作时的痛楚，他对这个陌生人的痛苦感同身受。四周很静，真正晨练的人一般不会来这里，韦利知道自己一个人无论如何也扶不起地上这个身材高大的人，怎么办？时间来不及了，韦利顾不上医生的警告俯身拉起他的衣服，就这样，十二岁的韦利用尽全身力气一点点地把这个人在地上拖行了二百米。终于有人发现了他们，韦利只说了一句"快送他去医院"便昏倒在地。

韦利醒来后看到的是陌生人一脸的关切和自责，他说自己因贪杯醉倒在街头，如果不是韦利救了他，医生说他会冻死在那里。陌生人愧疚地说："对不起，医生告诉我说你的心脏病差一点就要了你的命，你是在拿你的命救我，真不知道该如何感谢你！"韦利笑了，"我现在没事了，你也没事了，这就是最好的感谢！"陌生人一定要报答韦利，韦利想了想说："我真的不需要你对我有什么报答，只是希望你能像我救你一样，尽自己所能在需要的时候，去救助比自己的处境还要差上许多的陌生人，我想这就足够了。"

许多年过去了，韦利活过了比医生的预言长数倍的时间，他还是和以前一样乐观，并且真诚地对待每一个人，在需要的时候尽自己所能帮助别人。但是韦利的病终于在一个冬天的早晨击倒了他，当时韦利正在一个很偏僻的地方散步，忽然感到心口一阵剧烈的疼痛，韦利挣扎了几下终于支持不住倒在了地上。

韦利醒来时发现自己躺在医院里，身边站着一个十几岁的男孩，正睁着一双大眼睛关切地看着他。韦利很感激地握住了男孩的手说："谢谢你，孩子，你救了我，你是怎么发现我的？"男孩很开心的样子，"我早上要去爷爷家陪他，正好路过那个地方，看到你躺在地上，我就想起了爷爷说他年轻的时候被一个和我一样大的男孩救起来的事。我想我也一定能够做到，于是我就使出全身的力气拉你。幸好你还不算重，我成功了，回去后一定告诉爷爷，他告诉我要尽力帮助每一位需要帮助的陌生人，我今天做到了。"

韦利不知道该如何形容自己的心情，一次对人施以援手竟会带来一生受用不尽的恩惠。爱，真是一个同心圆，我中有你，你中有我，爱能产生人间一切的美德与奇迹。

韦利竭尽所能地救了陌生人，不想在许多年后却又意外地被救于那个陌生人的孙子，而那孩子正是因为当年韦利救了他爷爷，才从爷爷那里得到了教诲：要尽力帮助需要帮助的人。于是韦利悟出了：爱，是一个你中有我、我中有你的爱心圆，爱是无止境的。

虽然韦利深知自己的能力有限，可他还是在需要时尽自己所能去帮助别人。

尽管故事只提到了他救陌生人那一件事，但我们都能联想到，有许许多多的人也曾受到过韦利的援助。面对那些人，韦利从不接受任何报酬，只是希望他们也能像自己一样，在需要的时候尽自己所能去帮助别人。同样地，有似于故事中的陌生人，获救于韦利后，继而不仅自己铭记韦利的愿望，还将韦利的愿望传予他人……于是懂得"在需要的时候尽己所能去帮助别人"的人便越来越多，爱心圆在越来越浓的爱意中不断地扩大，爱也就无止境地延伸开了。

人生智慧

◇大事化小，小事化了，不要冤冤相报，没完没了。

◇爱，是一个你中有我，我中有你的爱心圆。

◇在需要的时候尽己所能去帮助别人。

爱人利人，人亦爱利

【聊天实录】

我：墨老先生，您对爱人利人有何高见？

墨子：我曾在《墨子·天志上》中提到：兼相爱，交相利。

我：您这句话该如何解释呢？

墨子：这句话的意思就是：即爱自己也爱别人，与人交往要彼此有利。

我：您的意思是说：人们之间不存在血缘与等级的观念，不论是什么人，都爱别人如同爱自己，视人如己，相亲相爱。

墨子：是的，你说得很对，人们都能做到"兼相爱、交相利"，才能形成"强不执弱，众不劫寡，富不侮贫，贵不敖贱，诈不欺愚"的局面，使天下大治。

【解读】 无私付出，成就自己

兼爱，是墨家学派所倡导的"十大主题"之一。墨子认为诸侯国之间互相攻伐，家与家之间互相篡夺，人们之间互相残害，君臣之间不忠诚，父子之间不慈孝，兄弟之间不友爱，都是由人们之间只知自爱、不能相爱而引起的，因此他倡导兼爱。

墨子处在当时的社会环境中，只看到人们"不相爱"的表面现象而未能认识到人们之所以不相爱。其社会根源是政治的、阶级的利害冲突，这种根源不是"兼爱"的主张所能消除的，因而虽然"兼爱"理论具有反对贵族等级观念的进步意义，但它只能是当时人们期望社会安宁、稳定的幻想，带有强烈的理想色彩，是不可能真正实现的。在阶级社会中，虽然不可能真正实现墨子所倡导的无等级、无差别的"兼爱"，但他所提出的"爱"、"利人"的主张却能够在一定程度上改善人与人之间的关系，促进人们之间和睦友好的相处，在今天仍然具有一定的积极意义。

如果人们都能做到视人如己、爱人如己，有能力要帮助有困难的人，对苦难者伸出援手，那么同样会换来别人的友爱和帮助，但我们并不应提倡出于功利目的的"爱人"、"利人"，不能只看重付出之后是否能得到同等的回报，而是应该无私一些，出于赤诚地善待他人。人人若都能付出一份爱，那么我们所生活的这个世界就会变得更加美好，在如今动利色彩极具严重的如今社会，我们更需要这种精神，兼爱不仅是个人的生活艺术，更反映的是一个社会整体形态。

其实，我们若帮助别人，在无形当中也是帮助了自己。

在一场激烈的战斗中，上尉忽然发现一架敌机向阵地俯冲下来，照常理，发现敌机俯冲时要毫不犹豫地卧倒。可上尉并没有立刻卧倒，因为他发现离他四五米远处，有一个小战士还站在那儿。

上尉顾不上多想，一个鱼跃飞身将小战士紧紧地压在了身下，此时一声巨响，飞溅起来的泥土纷纷落在他们的身上。等周围平静下来后，上尉拍拍身上的尘土站起身来，又把惊魂未定的小战士拉起来。

看到小战士平安无恙，上尉松了一口气，他回头看了看，顿时惊呆了：刚才自己所处的那个位置，被炸成了一个大坑。如果自己不是为了救小战士而飞身跃过来，恐怕此时早已变成炮灰了。

小战士是幸运的，身边有一位可以给他无私帮助的人，但更加幸运的是上尉，因为他在帮助别人的同时也帮助了自己，躲开了本应降临到自己身上的厄运。在前进的道路上，搬开别人脚下的绊脚石，有时恰恰是为自己铺路。

付出爱心，收获美好

有一扇门，你轻易就能推开。

一位穷苦的学生为了凑足学费，到外地挨家挨户地推销商品。由于他一心一意想凑足学费而不想多花钱，于是他决定硬着头皮向人讨些食物。

他敲了一户人家的门，开门的是一个小女孩，他一看便失去了勇气，心想：天下哪有大男生跟小女孩讨东西吃的？于是他只要了一杯开水解渴。

小女孩看得出他非常饥饿，于是拿了一杯开水与几块面包给他，他很快把食物接过来，狼吞虎咽地吃着，一旁的她看到他这种吃法，不禁偷偷地笑着。

吃完后，他很感激地说："谢谢你，我应该给你多少钱？"

她傻傻地笑着说："不必啦，这些食物我们家很多。"

他觉得自己很幸运，在陌生的地方还能受到他人如此温馨的照料。

多年以后，小女孩感染了罕见的疾病，许多医生都束手无策。女孩的家人听说有一个医生的医术很高明，找他看看或许有治愈的机会，便赶紧带她去接受治疗。就在医生的全力医治和长期的护理下，小女孩终于恢复了往日的健康。

出院那天，护士交给她医疗费用账单，她几乎没有勇气打开来看，心中知道可能要一辈子辛苦工作，才还得起这笔医疗费。最后她还是打开了，看到签名栏写了以下这段话：

"一杯开水与几块面包，足够偿还所有的医疗费。"

她眼里含着泪水，终于明白：原来主治医生就是当年的那个穷学生。

山不转水转，水不转路转。有时一个举手之劳的帮助可使一个人渡过难关，也往往因为这样，在我们渡过难关的时候，也会收获意外的帮助。

在我们的生活中，我们会经常遇到一些需要我们付出爱心的事，比如……

在遥远的波斯尼亚，费希玛和两个儿子生活在一个小村浴里，丈夫却远在异乡工作。有一年波斯尼亚战争爆发，战争不但让费希玛失去了丈夫，也失去了家园，她不得不带着孩子走上逃难之路。

在弃家而逃之际，费希玛没有忘记一只鱼缸和两条金鱼，那是丈夫从外地回来，送给儿子的礼物。现在，它们不仅是已逝的丈夫对孩子的爱，更是两条活生生的生命啊。于是，她捧起金鱼缸从容地走向湖边，将它们轻轻放进蓝蓝的湖水。

几年后，战火平息，费希玛和孩子们结束逃难返回家乡。家乡处处都是废墟，一切都从头做起，但他们在当年放生金鱼的湖边却看到湖面泛起片片金光，仔细一看，是一群活泼美丽的金鱼，跟他们当初放生的两条长得一模一样，原来是那两条金鱼繁殖的下一代。最值得庆幸的是：她的两个儿子还从当时放生金鱼的那片湖水中摸回了那个圆圆的金鱼缸。一切都仿佛与自己的亲人在乱世后重逢一样，他们是多么的高兴啊！

渐渐地，费希玛和她的金鱼故事流传开来，人们纷纷前来观看，并顺便买两条家送人，于是出售金鱼成为费希玛一家的致富之路，费希玛和她的孩子们终于摆脱了战乱和贫穷，过上了安宁殷实的生活。

当年，当费希玛捧着一缸金鱼走向湖边时，她未必知道自己播下的是生命的种子，然而，今天这满湖的金光粼粼中每一片都是一枚美丽的果实。

两条小小的金鱼，居然能够改变一个家庭的命运，真是不可思议！其实，真正改变了费希玛一家命运的应该是她当初的爱心才对。

在我们的生活中，我们会经常遇到一些需要我们付出爱心的事，比如扶老人过马路，给受伤的小动物治疗，向需要帮助的人伸出援助之手，等等。只要我们坚持不断地播种爱心，我们就会像费希玛一家人那样收获很多美好的东西的。

人 生 智 慧

◇兼相爱、交相利。

◇有一扇门，你轻易就能推开。

◇在前进的道路上，搬开别人脚下的绊脚石，有时恰恰是为自己铺路。

真心付出，爱无界限

【聊天实录】

我：墨老先生，您对爱无界限有何高见？

墨子：我曾在《墨子·兼爱中》中提到：视人之国，若视其国；视人之家，若视其家；视人之身，若视其身。是故诸侯相爱，则不野战；家主相爱，则不相篡；人与人相爱，则不相贼；君臣相爱，则惠忠；父子相爱，则慈孝；兄弟相爱，则和调。天下之人皆相爱，强不执弱，众不劫寡，富不侮贫，贵不敖贱，诈不欺愚。凡天下祸篡怨恨，可使毋起者，以相爱生也，是以仁者誉之。

我：您这句话该如何解释呢？

墨子：这句话的意思就是：看待别人国家就像自己的国家，看待别人的家族就像自己的家族，看待别人之身就像自己之身。所以诸侯之间相爱，就不会发生野战；家族宗主之间相爱，就不会发生掠夺；人与人之间相爱，就不会相互残害；君臣之间相爱，就会相互施惠、效忠；父子之间相爱，就会相互慈爱、孝敬；兄弟之间相爱，就会相互融洽、协调。天下的人都相爱，强大者就不会控制弱小者，人多者就不会强迫人少者，富足者就不会欺侮贫困者，尊贵者就不会傲视卑贱者，狡诈者就不会欺骗愚笨者。举凡天下的祸患、掠夺、埋怨、愤恨可以使它不使它产生的原因，是因为相爱而生产的，所以仁者称赞它。

我：您的意思是说：兼爱天下、关怀他人之心，也许并不能时时处处让人感受到你这份美好的心意，也许并没有人说你的好话，也许还会有人误会你、责怪你，这些都不必计较。因为，爱，是自己心里的事，是对自己的一种要求。

墨子：是的，你说得很对，兼爱是无层之分。我这里所说的层次只是从爱的范围上来区别，从而提炼出更深层次更深刻的兼爱内涵。

【解读】　　　　爱无国界，倾尽爱心

墨子提倡的兼爱表现的是他人的平等之爱，是一种抛开血缘和背影平等的博爱，对任何人一律平等。从此等意义来说，兼爱是无层之分。这里所说的层次只是从爱的范围上来区别，从而提炼出更深层次更深刻的兼爱内涵。

对自己生活周围的人富有爱心，如亲戚朋友、邻居街坊、单位同事，他们与自己都有着千丝万缕的联系，对他们怀有同情和关切之心，爱邻如己能够使自己的生活环境融洽、祥和、温馨，这是兼爱的第一个层次。

能够对与自己不相关的人和事产生兴趣，并乐意尽力相助，这是他爱的第二个层次。有人落水了，赶快下去抢救；有房子失火了，赶快冲进去抱出啼哭的婴儿；遇到流氓闹事，能够见义勇为，主持正义；很遥远的地方受到灾乱了，捐献一点财物表示心意，等等。在这里，他爱就是一种社会公德之心。

更有境界的人，对自己所属的民族、国家，对共生于这个地球的各个种族、各个国家满怀着热情，关心国际国内发生的大事，就像关心邻居发生的事一样。中国女排得了世界冠军，能不兴高采烈吗？中国足球输了球，能不焦急不安吗？这是他爱的第三个层次。

大智大意之人，不仅具有上述的三个层次，而且能够超越对具体事物的爱心而上升到对人类命运的终极关怀，能够对漫漫历史之河给予沉静的思索和持久的注视。尽管人的生命有限，但这种大爱者将其爱心融入进绵绵不断的生命长河，因而使有限的生命获得了一种永恒的辉煌。

这是真正的生命之爱。大爱者无时无刻不可以体验到一种难以言喻的热流涌遍全身，体验到自己与自然、与人类的互亲和互爱。

在人类大家庭里，每个人都是其中一分子，爱与被爱、自爱与他爱都是互相的，没有天生的高低贵贱之分。聪明人懂得：爱心是自己的事，是自己生命充实而有光彩的需要。无论是显贵一时还是默默无闻，无论是穷人还是富人，对爱心来说，那又有什么关系呢？

爱心使人善良、明智、聪慧。富有爱心，是人生的一大幸福。

当我们留心身边的一切时，就会发现，我们的生活到处都有爱心的足迹，爱心是没有界限的。

鸭子、老鼠和黄狗住在一个院子里。

有一天，鸭子生了第一个蛋，高兴地叫起来："我生蛋了，我生蛋了！"赶快跑去向主人报喜。

调皮的老鼠跑来："啊，这是鸭子生的蛋，让我来跟她开个玩笑。"老鼠拿起笔，在鸭蛋左一下右一下地画了起来，画完以后就跑开了，鸭子回来一看："咦，这是什么蛋？反正不是我的蛋，我的蛋哪儿去了？"她跑了一圈，没找到自己的蛋，回来再瞧瞧那个怪蛋："啊，蛋上画着小狗的头，这一定是黄狗生的蛋。"

鸭子抱着蛋，气喘吁吁地找到黄狗说："黄狗，这是你的蛋吧？"黄狗简直摸不着头脑说："不，这不是我的蛋，我根本不会生蛋。"

"那一定是别的狗生的蛋，黄狗，我把这个蛋交给你，你再打听打听，我不管了，我还得赶快去找自己的那个蛋呢。"

黄狗真为难，他找了整整一天，也没找到会生蛋的狗。"唉，这个蛋里有一只小狗等着出壳呢，要是没有谁来孵蛋，小狗就出不来了。"黄狗最后决定："自己来孵这个蛋。于是，他一天到晚把这个蛋抱在怀里，用温暖的皮毛紧紧贴着它。那只调皮的老鼠，看到黄狗在孵鸭蛋，肚皮都笑疼了。

三天过去了，五天过去了，十天过去了。黄狗没有好好睡过一觉，还是紧紧搂着那个画着小狗头的鸭蛋。这时候，老鼠实在不忍心了，对黄狗说："快别这样了，你孵不出小狗来的。"黄狗眨巴着瞌睡眼说："你怎么知道孵不出来？时间还没到呢。"

又过了几天。黄狗怀里的蛋壳破了，里面蹦出来的是只小鸭。老鼠这才告诉黄狗：是他在鸭蛋上画了小狗头。老鼠说："我说你孵不出小狗，这会儿知道了吧。"黄狗很喜欢这只小鸭，轻轻地抚摸着他，说："可是我总算没白费力气呀！"

虽然明知道那个蛋不是自己的，但黄狗还是对它倾尽了爱心，把小鸭孵出来了。

在我们的身边，也有许多像黄狗那样充满爱心，并且不分彼此地给予别人的人，他们有的是我们的老师，对待每一个同学就像对待自己的孩子一样，总是充满爱心；有的是我们的朋友，他们对待我们就像对待自己的兄弟姐妹一样，总是关怀不断；有的还是一些匆匆而过的陌生人，他们都在不知不觉中给予了我们爱的关注……所以，当我们留心身边的一切时，就会发现，我们的生活到处都有爱心的足迹，爱心是没有界限的。

不要心怀侥幸，真心付出

墨子有个学生叫巫马子，巫马子真诚好学，常向墨子提问题。

巫马子问他的老师说："你倡导兼爱天下，没得到什么益处；我不爱天下，也没什么害处。功效都没达到，先生为什么只认为自己正确，而认为我不正确呢？"

墨子反驳道："假如有三个人，一个人放火，一个人捧水要浇灭它，一个人拿火苗将要助燃，都没做成，这二人你看中哪一个？"

巫马子不知是计，说："我以为捧水的人意图是正确的，那拿火苗的人用意不对。"

墨子说："现在你该明白了，我兼爱天下的主张是正确的，你不爱天下的用意是错误的。"

巫马子无言以对。

有好的想法办一件事，办成了，自然是大好事；没有办成，其用意也值得称赞。而有心将事情办坏，尽管也没办成，但用心何其毒也。若保持邪恶的用心不改，那么，迟早要把事情办坏。

两个人在小河上架桥，一个想把桥架设得牢固耐用，让过桥的人平稳安全；另一个表面好好架，私下却设了机关，想让桥不久后垮掉，这样过些时候又有人来请他架桥。两人都在架桥，都在做事，但目的却不同，一个坦荡正派，一个心怀鬼胎。心术不正的人迟早会被人看破，这种人睡觉就会做噩梦。心眼坏的人总是怀着侥幸心理，总想蒙骗过关。然而时间是最公正的法官，无论是善良与邪恶、崇高与卑劣，它都看得清清楚楚。

人生智慧

◇富有爱心，是人生的一大幸福。

◇我们的生活到处都有爱心的足迹，爱心是没有界限的。

◇时间是最公正的法官，无论是善良与邪恶、崇高与卑劣，它都看得清清楚楚。

以德立身，泽已及人

【聊天实录】

我：墨老先生，您对以德立身有何高见？

墨子：我曾在《墨子·兼爱上》提到：视父兄与君若其身，恶施不孝？犹有不慈者乎？

我：您这句话该如何解释呢？

墨子：这句话的意思就是：看待父亲、兄弟和君上像自己一样，怎么会做出不孝的事呢？还会有不慈爱的吗？

我：您的意思是说：如果一个人把爱别人如同爱自己一样，那么他才能真正地善待别人。

墨子：是的，你说得很对，看待父亲、兄弟和君上像自己一样，怎么会做出不孝的事呢？

【解读】 　　　　　　　付出所有爱别人

很久以前，有一棵大大的苹果树，一个小男孩每天都喜欢来这儿玩。他有时爬到苹果树上吃苹果，有时躲在树荫里打个盹儿……时光流逝，小男孩渐渐长大。

小男孩回到树旁，一脸忧伤，树说："和我一起玩吧！"

男孩回答："我已经不是小孩子了，我想要玩具，我想有钱来买玩具。"

树说："抱歉，我没有钱……但你可以摘下我的苹果拿去卖。"

男孩把苹果摘了个精光，开心地离去了。

一天，男孩回来了，树喜出望外，树说："和我一起玩吧！"

"我没有时间玩。我要做工养家，我们要盖房子来住，你能帮我吗？"

"你可以砍下我的树枝来盖房子。"

男孩把树枝砍了个精光。

树再次寂寞和难过。

一个盛夏，男孩回来了，树雀跃万分，男孩说："我越来越老了，我想去划船，悠闲一下，你能给我一条船吗？"

"用我的树干去造一条船吧，你可以开开心心地想划多远就多远。"

男孩锯下树干，造了一条船。

终于，多年以后，男孩又回来了，树说："抱歉，我的孩子，可惜我现在什么也不能给你了……我唯一留下的就是枯老的根了。"树流着泪说。

"我现在只要有个地方歇一下就好了，经过了这些年，我太累了。"男孩说，"老树根是歇脚的最好的地方了。"

男孩坐了下来，树开心得热泪盈眶……

这是我们每个人的故事，树就是我们的父母。

当我们长大后，离开他们……只有当我们有求于他们或遇到麻烦的时候，我们才回家。

大家可能觉得男孩对树太无情，然而我们谁又不是那般对待我们的父母的呢？如果说，世界上还有哪一种爱是无私的话，那就是父母对儿女的爱；如果说，世界上还有哪一种爱可以让我们泪流满面，那也只有父母对儿女的爱。

以德立身，泽己及人

古希腊有句谚语："恩情，不一定会用世俗的形式呈现在你我面前，它有时会变换不同的容颜来帮助你。不要用决裂的方式对待所有的关系，因为有时是你错解了它；不要让遗憾发生，用感恩的心情看待世界，可防止一切不幸发生。"

有一位老人，因为衰老逐渐丧失了工作能力，她的儿子就千方百计想遗弃她，有一天，狠心地背着她往深山里走。途中，这个儿子一路上都听到他母亲折断树枝的声音，心想：一定是她怕被遗弃之后，无法自己识路下山，因此在沿路做上记号。他不以为意地继续往深山里面走，好不容易到达目的地之后，他放下背上的老母亲，毫无感情、狠心地对她说："我们就在这里分别吧！"这时候，他母亲慈祥地说着："上山的时候，沿途都有折断树枝的记号，你只要顺着记号下山，就可以安然回家了。"这位老母亲并不在意儿子的大逆不道，反而沿途帮他做了记号，使其在返家的路途中不会迷路。这种伟大的母爱，终于唤醒了儿子的良知。他赶紧向母亲赔罪，又将她背回家，从此对母亲百依百顺，善尽人子孝养之道。爱是生命中最好的养料，只要有爱就有彩虹，生命就有希望。

一个小男孩几乎认为自己是世界上最不幸的孩子，因为患脊髓灰质炎而留下了瘸腿和参差不齐且突出的牙齿，他很少与同学们游戏和玩耍，老师叫他回答问题时，他也总是低着头一言不发。

在一个平常的春天，小男孩的父亲从邻居家讨了些树苗，他想把它们栽在房前。他让他的孩子们每人栽一棵。父亲对孩子们说：谁栽的树苗长得最好，就给谁买一件最喜欢的礼物。小男孩也想得到父亲的礼物，但看到兄妹那蹦蹦跳跳提水浇树的身影，不知怎么地，萌生出一种阴冷的想法：希望自己栽的那棵树早日死去。

因此浇过一两次水后，再也没去搭理它。

几天后，小男孩再去看他种的那棵树时，惊奇地发现它不仅没有枯萎，而且还长出了几片新叶子，与兄妹们种的树相比，显得更嫩绿，更有生气。父亲兑现了他的诺言，为小男孩买了一件他最喜爱的礼物，并对他说，从他栽树来看，他长大后一定能成为一个出色的植物学家。

从那以后，小孩慢慢地变得乐观向上起来。

一天晚上，小男孩躺在床上睡不着，看着窗外那明亮皎洁的月光，忽然想起生物老师曾说过的话：植物一般都在晚上生长。何不去看看自己种的那棵小树？当他轻手轻脚来到院子里时，却看见父亲用勺子在向自己栽种的那棵小树下泼洒着什么。顿时，一切都明白了，原来父亲一直在偷偷地为自己栽种的那棵小树施肥！

他返回房间，任凭泪水肆意地奔流……

几十年过去了，那瘸腿的小男孩尽管没有成为一个植物学家，但他却成为了美国总统，他的名字叫富兰克林·罗斯福。

爱是生命中最好的养料，哪怕只是一勺清水，它都能使生命之树茁壮成长。也许那树是那样的平凡，不显眼；也许那树是如此的瘦小，甚至还有点枯萎，但只要有这养料的浇灌，它就能长得枝繁叶茂，甚至长成参天大树。

小男孩是幸运的，他爸爸养育了他，又造就了他。与其说小男孩种树，不如说父亲在培植小男孩这棵"树"。小男孩自卑的心和阴冷的想法，犹如正在枯萎的小树苗。正是父亲的良苦用心和涓涓的爱的心泉的滋润，才使"小树"得以重生，得以茁壮成长，最终长成参天大树，而小男孩，也给了这份爱丰厚的回报。他成为美国总统，把自己的青春和热情献给了美国人民，让自己的爱传遍美国的每一个角落，把希望带给祖国和人民。

爱是生命中最好的养料，只要有爱就有彩虹，生命就有希望。虽然不是每个人都能成为植物学家，或者成为总统，但是，李白告诉我们"天生我材必有用"。接受别人的爱时，也要献出自己的一份爱，不管它是多么的微不足道。"送人玫瑰，手中留香。"当我们成为别人的需要时，我们就会明白，自己是多么的重要，是多么的"命有所值"。

人 生 智 慧

◇如果一个人把爱别人如同爱自己一样，那么他才能真正地善待别人。

◇爱是生命中最好的养料，哪怕只是一勺清水，它都能使生命之树茁壮成长。

◇爱是生命中最好的养料，只要有爱就有彩虹，生命就有希望。

君子修身，以德为事

【聊天实录】

我：墨老先生，您对君子修身有何高见？

墨子：我曾在《墨子·修身》中提到：士虽有学，而行为本焉。

我：您这句话该如何解释呢？

墨子：这句话的意思就是：做官虽讲才学，但必须以德行为本。

我：您的意思是说：君子修身要一切以德行为事，他非常注意品德对于人的重要性。

墨子：是的，你说得很对，其身不正，虽令不行；其身正，不令而行。

【解读】　　　　君子修身，德才兼备

有句古话叫作：其身不正，虽令不行；其身正，不令而行。一个人要想赢得别人的尊敬和爱戴，首先就要成为一个顶天立地的正直之人。所谓"德"就是人的品行，德行就是"德"。自古"才"与"德"并重，形容一个人最好的词语就是"德才兼备"。

一个品行不端、德行糟糕的人不能结识真正的朋友，获得长久的事业成功。这样的人很难有人能与之长期合作，因为这种人不是搞一锤子买卖，就是过河拆桥。这种人在家庭中，也会做出不道德的事情，极有可能造成对方和孩子的痛苦和不幸。他们还甚至可能因为某种利益的驱动，铤而走险而落入法网……要想获得别人的好感，需要以德立身，这是一个讨人喜欢者必须确立的内在标准，没有这个内在的标准，人生之路就会失去支撑，最终导致众叛亲离将是必然的。但我们必须知道，以德立身，还必须以自律为前提，一味讲"哥们儿义气"并不在以德立身之列。

俗话说"近朱者赤，近墨者黑"，在社会上，缺德之友最终会成为自己成功路上的定时炸弹。例如，明知这笔贷款不合手续，但因为对方是朋友，所以大开绿灯；明知这个项目不能担保，因为受朋友的委托，所以还是办了。诸如此类经济犯罪案件多数发生在年轻人身上，他们重朋友、讲义气，交往中自以为彼此很了解底细，因此在合作中绝对信任对方，毫无防备，不能办的事也不好意思拒绝，这样，被缺德之人利用，必然会毁了自己的前程。

以德立身贯穿于每个人的人生全部过程，是一个人做人最根本的原则。在人生的不同阶段，道德对于人的要求虽有着不同的变化，每个人体验和经历的内容也不一样，但是，"以德立身"的人生支柱是不变的，它对每个人人生大厦起着支撑作用的定律是不变的。

在外国名人当中也不乏以德立身的人。

富兰克林是美国资产阶级革命时期民主主义者、著名的科学家，一生受到了人们的爱戴和尊敬。但是，富兰克林早年的性格非常乖戾，无法与人合作，做事经常碰壁。

富兰克林在失败中总结经验，他为自己制定了13条行为规范，并严格地遵守，他很快为自己铺就了一条通向成功的道路：

1. 节制：食不过饱，饮不过量，不因为饮酒而误事。

2. 缄默：讲话要利人利己，避免浪费时间的琐碎闲读。

3. 秩序：把所有的日常用品都整理得井井有条，把每天需要做的事排出时间表，办公桌上永远都不零乱。

4. 决断：决心履行你要做的事，必须准确无误地履行你所下定的决心，无论什么情况都不要改变初衷。

5. 节约：除非是对别人或是对自己有什么特殊的好处，否则不要乱花钱，不要养成浪费的习惯。

6. 勤奋：不要荒废时间，永远做有意义的事情，拒绝去做那些没有多大实际意义的事情，对于自己的人生目标

富兰克林·罗斯福

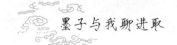

永不间断。

7. 真诚：不做虚伪欺诈的事情，做事要以诚挚、正义为出发点，如果你要发表见解，必须有根有据。

8. 正义：不做任何伤害或者忽略别人利益的事。

9. 中庸：避免极端的态度，克制对别人的怨恨情绪，尤其要克制冲动。

10. 清洁：不能忍受身体、衣服或住宅的不清洁。

11. 镇静：遇事不要慌乱，不管是普通的琐碎小事还是不可避免的偶然事件。

12. 贞洁：要清心寡欲，如果不是有益于身体健康或者是为了传宗接代，尽量少行房事。绝不做任何干扰自己或别人安静生活的事，也不要做任何有损于自己和别人名誉的事情。

13. 谦逊：要向耶稣和苏格拉底学习。

要抵得住享乐的诱惑，要抵得住金钱的勾引，不要有非分之想，不为别人的行为而动，不为别人的言论而动，也不可能有任何诱惑和利益使我们去做我们明明知道是邪恶的事情。

道德没有统一的标准，德的前提就是尽量帮助别人，做有利于自己和他人的事，而不损人利己。

当我们感谢天，感谢地，感谢父母，感谢许多值得感谢的东西时，也别忘了感谢自己。只有自己行得正，坐得端，才无愧于天，无愧于地，无愧于父母。

❧ 以德为事，包容一切 ❧

古希腊神话中有一位大英雄叫海格里斯，一天他走在坎坷不平的山路上，发现脚边有个袋子似的东西很碍脚，海格里斯踩了那东西一脚。谁知那东西不但没有被踩破，反而膨胀起来，并且在加倍地扩大着。海格里斯恼羞成怒，操起一条碗口粗的木棒砸它，那东西竟然长大到把路堵死了。

正在这时，山中走出一位圣人，对海格里斯说："朋友，快别动它，忘了它，离它远去吧！它叫仇恨袋，你不犯它，它小如当初，你侵犯它，它就会膨胀起来，挡住你的路，与你敌对到底！"

我们在茫茫人世间，难免与别人产生误会、摩擦。如果不注意，在我们轻动仇恨之时，仇恨袋便会悄悄成长，最终会导致堵塞了人与人之间的交往之路。所以我们一定要记着善待仇恨那样我们就会少一分烦恼，多一分机遇，宽容别人也就是宽容自己，宽容别人就是兼爱。

赵惠文王时，蔺相如为赵国丞相，廉颇为赵国将军。

廉颇对蔺相如很不服气，心想：他蔺相如仅凭一张嘴，官职竟比我还高。而我廉颇戎马一生，攻城拔寨，英勇无敌，战功赫赫。他凭什么做相国呢？我一定要找机会羞辱他一番。

廉颇要羞辱蔺相如的话传了出去，并且传到了蔺相如耳中。蔺相如不但没有生气，反而处处躲着廉颇，有时上朝也称病不去，以免和廉颇见面。

廉颇得知此事后，得意扬扬。

一次蔺相如带门客出去，看见廉颇的车过来，忙命驾车之人把自己的车退回来。蔺相如的门客实在忍无可忍，便对蔺相如说："我们舍身相陪相国，不图名利，只因相国为人忠厚、贤能，可如今相国如此胆小怕事，见到廉颇就躲起来，这种做法连百姓都感到耻辱，何况您一位堂堂的相国呢！我等不才，请求离开！"

蔺相如赶紧摆手，对门客说："你们说廉将军与秦王比，谁厉害？"

门客说："当然是秦王厉害了！"

蔺相如说："天下诸侯都怕秦王，而我却敢当面指责他，和他分庭抗礼，我连秦王都不怕，能怕廉将军吗？我之所以这样做，是因为我知道秦国不敢侵犯赵国，是因为有廉将军和我二人同在。若两虎相斗，必有一伤，秦国必然会乘机攻打我们，我之所以忍让廉将军，是为了赵国啊！"

门客们这才恍然大悟，更加敬佩蔺相如了。

后来这些话传到了廉颇耳里，廉颇想：蔺相如这般深明大义，为了国家安危，不和我斤斤计较，而我却三番五次要找机会羞辱他，只贪图一时快慰，不顾赵国江山社稷。我和蔺相如相比，真是天壤之别啊！

一天，蔺相如正在房中读书，一门客匆匆跑来，说道："廉将军来了！"

蔺相如不知廉颇有何事，便起身相迎。

到了外边，蔺相如愣住了。只见廉颇上身赤裸着，背上绑一根荆条，见到蔺相如倒身便拜，说道："我廉颇心胸狭隘，不知相国待人如此宽宏大量，自愧不如，今日特来负荆请罪，请相国处置。"

蔺相如赶忙用手相扶，说道："廉将军，快快请起，快快请起。"

从此，廉颇与蔺相如成了刎颈之交。二人一文一武，将相并携，共同辅佐赵王治理天下。

古人云："惟宽可以容人，惟厚可以载物。"君子修身，一定要切记以德为事。

人 生 智 慧

◇以德立身贯穿于每个人的人生全部过程，是一个人做人最根本的原则。

◇宽容别人也就是宽容自己，宽容别人就是兼爱。

◇唯宽可以容人，唯厚可以载物。

以人为镜，自我反省

【聊天实录】

我：墨老先生，您对君子以人为镜有何高见？

墨子：我曾在《墨子·非攻中》中提到：君子不镜于水而镜于人。

我：您这句话该如何解释呢？

墨子：这句话的意思就是：君子不用水做镜子来照自己，而以人为镜子来照自己。

我：您的意思是说：聪明的人应该以历史人物为镜子，把他们成功失败的经历当作借鉴，从而知道自己应该怎么做。它告诫人们应该以历史上的人物为借鉴，以往知来，从历史人物的事迹中预见到自己的命运和未来。

墨子：是的，你说得很对，君子不镜于水而镜于人。

【解读】 ❧ **以人为镜可少受挫折** ❧

古语云："以铜为镜，可以正衣冠；以古为镜，可以见兴替；以人为镜，可以明得失。"人作为自己和别人的镜子，既可鉴己又可照人，这也许就是古人热衷于"以人为镜"的最好的理由了。

唐太宗以魏征为镜，看到了自己处理朝政时的得失，使自己颁布的政令更合乎民意，因而他能赢得天下太平，博得盛世美名。司马迁因受宫刑，绝望至极，但他以古代的哲人为镜，看到了自己生存的意义。文王被拘，始有《周易》；屈原放逐，乃赋《离骚》；左丘失明，才写《国语》……历史上诸多不幸的伟人都能成就一番事业。司马迁以他们为镜，从他们身上看到了希望与力量，从此，他发愤著书立说，以顽强的意志，忍辱负重，终于完成了中国历史上第一部纪传体通史。以人为镜，可以知得失，可以让自己在生活的道路上少走弯路。把伟人、成功者当作镜子，可以让我们信心百倍地迎接挑战，鼓励我们前行，也可以让我们接受他们失败的教训，工作上少走弯路。以人为镜，不可一味模仿，一味邯郸学步，要根据自身情况，灵活运用；以人为镜，要多学习别人的长处，避免犯同样的错误；以人为镜好处多，但要选对镜子，选对自身有益之镜，如若拿错了镜子，就不能正确认识自己，要么自卑，要么自大。

确实，我们每个人也是自己的镜子，别人通过我们的一言一行观察、揣摩、了解并最终把我们定性和归类，于是我们成了别人眼里的好人、坏人、可信的人、不可信的人……别人如果觉得我们真心诚意待他，他就会真心诚意地对待我们；我们待别人高尚，别人也会高尚地待我们。

其实，生活中许多东西都可以作为我们的镜子，可以借鉴，伟人可以为镜，凡人也有值得学习之处，正面人物值得借鉴，反面人物值得自省。总之，以人为镜，可以让自己在生活的道路上少走弯路，少受挫折，取得更大的成就。

以人为镜，自我反省

诺贝尔和平奖得主，受全世界敬仰的德兰修女，由于和英国平民王妃戴安娜的死期接近，所以有人将她们二人相提并论，但她们却是两个截然不同的类型。德兰没有戴妃的风华绝代，她个子瘦小，相貌普通，她有的，是一颗美丽的爱心。戴妃在卫生、安全的医院里和艾滋病人握手，会有记者拍下照片刊登在报纸杂志上。让人歌颂她的爱心，可德兰却不知多少次在污秽、肮脏的街道拥抱那些患皮肤病、传染病，甚至周身流脓的垂死病人，把他们带回自己的住处，照顾他们，安葬他们，让人们享受她的奉献。

很多人一谈到德兰修女，都说她是个伟大的人，和她相比，自己实在太渺小了，可德兰修女却说："我们都不是伟大的人，但我们可以用伟大的爱来做生活中每一件平凡的事。"

程婴救孤的故事流传已久。

晋景公年间，奸臣屠岸贾欲除忠烈名门赵氏。他率兵将赵家团团围住，杀掉了赵朔、赵同、赵括、赵婴齐等全家老小。唯一漏网的，是赵朔的妻子，她是晋成公的姐姐，肚子怀着孩子，躲在宫中藏起来。

赵朔有个门客叫公孙杵臼，还有一个好友叫程婴。赵朔死后，两个人聚到了一起。公孙杵臼质问程婴：“你为什么偷生？”程婴说：“赵朔之妻正在怀孕，若生下来的是个男孩，就把他抚养成人，报仇雪恨，若是个女孩，我就彻底失望了，只好以死报答赵氏知遇之恩。”

不久，赵妻就分娩了，在宫中生下个男孩。屠岸贾听说了，立刻带人到宫中来搜索，却没有找到赵氏母子的藏身之处。母子俩逃脱这次劫难后，程婴对公孙杵臼说：“屠岸贾这次没找到孩子，绝对不会罢休，你看怎么办？”公孙杵臼一腔血气地问：“育孤与死，哪件事容易？”程婴回答：“死容易，育孤当然难。”公孙杵臼：“赵君生前待你最好，你去做最难的事情。让我去做容易的事情，我先去死吧！”

于是，公孙杵臼假扮医者入宫看病，用药箱把孤儿从宫中偷运出来，交给程婴。程婴含泪将自己尚在襁褓中的孩子抱上，与公孙杵臼一齐逃到了永济境内的首阳山中，让妻子带着赵氏孤儿朝另一个方向逃去。屠岸贾闻之，率师来追。程婴无奈只好从山中出来说：“程婴不肖，无法保生赵氏孤儿。孩子反正也是死，屠岸将军如能付我千金，我就告诉你孩子的藏身之处。”屠岸贾答应了。程婴领路，终于找到隐匿山中的公孙杵臼和婴儿。

杵臼当着众人的面，大骂程婴，他一边骂一边佯装乞求：“杀我可以，孩子是无辜的，请留下他一条活命吧！”众人当然不允。程婴眼睁睁地看着自己的亲生儿子和好友公孙杵臼死在乱刀之下。

程婴带着赵氏孤儿来到了山高谷深、僻静荒芜的盂山隐居起来。十五年后，知情人韩厥利用机会，劝说晋景公勿绝赵氏宗祀。景公问赵氏是否还有后人，韩厥提起程婴保护的赵氏孤儿，于是孤儿被召入宫中。此时，孤儿已成少年，名叫赵武，景公命赵武见群臣，宣布为赵氏之后，并使复位，重为晋国大族，列为卿士。程婴、赵武带人攻杀屠岸贾，诛其全族。

赵武20岁那年，举行冠礼，标志着进入成年。程婴觉得自己已经完成夙愿，就与赵武等人告别，要实现他殉难的初衷，以及了却对公孙杵臼早死的歉疚心情。他其实也是以一死表明心迹，自己苟活于世，绝没有丝毫为个人考虑的意思。赵

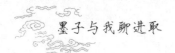

武啼泣顿首劝阻，终不济事，程婴还是自杀了。

人生智慧

◇君子不镜于水而镜于人。

◇以人为镜，可以明得失。

◇我们都不是伟大的人，但我们可以用伟大的爱来做生活中每一件平凡的事。

第章

墨子与我聊团队精神

"凡使民尚同者，爱民不疾，民无可使。"这句话告诉大家，凡是要使百姓向上保持统一的，如果爱民不深，百姓就不能被役使。告诉人民，作为统治者一定要爱人民，处处为人民的利益着想，只有这样才能够役使他们，这也是我们现在所谓的团队精神。

以身作则，尚同控制

【聊天实录】

我：墨老先生，您对尚同控制有何高见？

墨子：我曾在《墨子》中提到：子不能治子之身，焉能治国政？子姑亡子之身乱之矣！

我：您这句话该如何解释呢？

墨子：这句话的意思就是：你连你自身尚且治理不好，又怎么能治理国家、主持政务呢？你姑且先提防你自身的悖乱吧！

我：您的意思是说：领导者如果自己都不能管好自己，不能以身作则，怎么能让下属信服，怎么能号令下属呢？领导者只有以身作则，自己做到了，才可能要求别人这样去做。否则，即使别人迫于压力这么做了，也只能是"人心不服"。领导者的一言一行、一举一动，无不被下属看在眼里、记在心上，领导者的行为影响着下属的行为。"做事先做人，律人先律己，用人先育人"应当成为领导者的信条。领导者既是制度的制定者和推行者，也是制度的执行者和培训者，这就要求领导者在要求下属的同时，更应该严格地要求自己。

墨子：是的，你说得很对，上梁不正下梁必歪。君主不公正，臣子必然不忠诚；君主若疏远贤能、任用亲信，臣子必然妒贤嫉能，争权夺利。

【解读】 〜 **以身作则，培养人才** 〜

美国能长期富甲天下，除了它的优越的自然条件外，主要是因它的科学技术在世界居领先地位，而这正有赖于拥有大批一流人才。美国除了自己培养人才外，还善于容纳、引进和网罗天下人才为己所用。其吸引人才之法有二：一是给予高薪，二是为之提供良好的研究条件。

美国是最舍得在科研上花钱的国家，据统计，它的科研经费要多于主要西方发达国家之总和，并在逐年增加。

为了引进国外人才，美国还二次修改了移民法，对于有成就的科学家，不考虑国籍、资历和年龄，一律允许优先进入美国，因此，各国人才多乐于奔往美国。

瑞士有一位研究生研制成功一种电子笔和一套辅助设备，其性能可以用来修正遥感卫星拍摄的红外照片，这项重大发明引起全世界的注目。

美国一个大企业闻讯后马上派人找到那位研究生，以优厚的待遇为条件，动员他到美国去工作，瑞士一些公司也千方百计地要留住他。于是，希望得到人才的各方展开了人才争夺战，你给他加薪，我给他再加薪，弄得不可开交。

最后，精明大胆的美国人说，现在我们不加了，等你们加定了，我们乘以5。就这样，这位研究生连人带笔一起被弄到了美国。

目前，在美国教育系统和科技系统，尤其是高科技领域，外国科学家和工程师占的比例相当大。

美国国家科学基金会1985年的调查结果表明：美国50%以上的高技术部门的公司大量聘用外裔科技人才，外裔科技人才占这些公司科技人员总数的90%。

在美国著名的"硅谷"工作的科技人员有33%以上是外国人，在美国从事高级科研工作的工程学博士后研究生中，外国人占66%，美国33%的名牌大学的系主任是华裔学者，在美国星球大战计划中扮演重要角色的也是外国科技人员。

据统计，自1952年至1975年，由于美国大量引进人才，为美国节省培养人才经费150亿~200亿美元。更重要的是他们对美国经济发展起了重要的作用。在20世纪30年代，仅欧洲各国到美国定居的科学家做出的贡献，就相当于为美国增产300亿美元。

正因为美国能集中天下人才为之从事科学研究，美国的科技才能走在世界的最前列。第二次世界大战后，美国引进科技人才最多，因而取得的科技成果也最多，占世界科技成果总数的 60%~80%，获得颁发的诺贝尔奖的奖金总数的一半。

科技高度发展促进了经济的繁荣，美国才成为世界上最富裕的国家。

正是因为美国拥有一批世界顶尖级的人才，才给人们以天堂的形象。当然，并不是说美国是"皇道乐土"，正确地说，它只是有钱人的乐园，至今，美国尚有数千万黑人生活在贫穷之中。

尚同控制，团结一致

墨子的弟子告子对他说："我能够治理国家，管理政事。"墨子说："治理国家的事务，光靠嘴上说说是不行的，更重要的是身体力行。现在你只是嘴上说说，却没有身体力行，这是你言行不一、自身错乱的表现，你连自己都治理不好，又怎么能治理国家呢？"墨子认为，一个人自身不正，就不能匡正别人的不当行为。因此，为人做事要严于律己，做出表率，进而再去约束和管理别人。

墨子的这一主张，与儒家修身治国的主张是相通一致的，正如孔子所说："其身正，不令而从；其身不正，虽令不从。"（《论语·子路》）可见，他们都希望贤德之人身居高位要职来治理国家，也都希望身居高位要职者能够修身正行、以身作则、率先垂范，即身为执政当权者，如果要求别人做什么事情，自己应该首先做到自己做不到的事情，也不应苛求别人一定做到。先从自己做起，只有管理好自己才有可能管理好别人，只有治理好自己也才有可能治理好国家。反之，则如孟子所说："不仁而在高位，是播其恶于众也。"（《孟子·离娄上》）总有一些名为人民"公仆"而应造福一方的，反而成了一大"公害"而祸害一方的，虽然是少数，却正是因为忘记了孔墨的古训所致。

《晏子春秋》上记载了这样一个故事：晏婴不遗余力地辅助齐景公，总是以各种方式劝谏景公，为他出谋划策，为他匡偏救弊，所以齐国政治清明、国泰民安。但自从晏婴死了之后，再也没有人当面指责、劝谏齐景公了，景公心中为此闷闷不乐。一天，齐景公宴请文武百官，席散后一起射箭取乐。齐景公每射一支箭，都会赢得文武百官的高声喝彩。景公黯然神伤地对弦章说："我真是想念晏婴啊！晏婴死后就再也没有人当面指出我的过失了。刚才我明明没有射中，群臣却还异口同声地喝彩，这真让我难过！"弦章对景公说："您也不该都归咎于臣子，古人说：'上行而后下效'，您喜欢吃什么，群臣也就跟着吃什么；您喜欢穿什么，群臣也就跟着穿什么；您喜欢听好话，群臣也就只有阿谀奉承了！"一席话说得齐景公豁然开朗，这就是"上行下效"这个成语的来历。

由此可见，古人特别强调君主的道德，强调官德。孔子说："为政以德，譬如北辰，居其所而众星共之。"（《论语·为政》）当领导的人能够做到以德服人，就会像天上的北斗星一样被群星拥戴，收到不令而行、不劳而治的功效，这就是领导率先垂范的意义。

在我国古代，治国者无不是以身作则来保障法令的贯彻实行的。三国时期的曹操从自身做起，以身作则，使自己拥有了最强大、最具有战斗力的军队，为以后的魏国立国奠定了坚实的基础。

曹操

有一次曹操带兵出征打仗，行军途中看到麦田里成熟的麦子，于是下令："有擅入麦田，践踏庄稼者，斩！"可是命令刚下达，一群小鸟忽然从田间惊起，从曹操马前飞过，那马不由一惊，一声长嘶，径直冲进麦田，将成熟的麦子踩倒一大片。曹操非常心痛，马上拔出佩剑就要自刎，众将慌忙抱住他的手臂，大呼："丞相，不可！"曹操仰面长叹："我才颁布了命令，如果自己制订的法令自己不能遵守，还怎么用它约束部下呢？"说完执意又要自刎。众将以"军中不可无帅"力劝曹操不可自刎，这时，曹操便拉过自己的头发，用剑割下一缕，高高举起："我因误入麦田，罪当斩首，只因军中不可无帅，特以发代首，如再有违者，如同此发。"于是人人自觉，小心行军，无一践踏庄稼者。

古人尚能够做到以身作则，现代社会的企业领导者更应当修炼自己，为员工树立榜样。领导者的示范激励作用，能够大大振奋员工士气，提高下属的工作效率。

2007年5月，美国国家公路交通安全管理局在全美开展了一项活动，主题为"系上它，否则开罚单"，旨在鼓励人们在开车时系安全带。美国总统布什也曾指出，开车时系安全带是明智之举。后来布什驾驶一辆卡车，被一群记者给逮了个正着，此时有位眼尖的记者发现，他在开车时没系安全带，这件事立刻引起了媒体和民众的一片哗然。许多民众都认为：无论如何，作为一国的总统也要为国人做出一些表率的。

还有就是解放战争时期，解放军用小米加步枪打败了机械化装备的国民党军队，原因当然是多方面的。但有一条却值得一提，据说在关键时刻，解放军的指挥员总是喊："同志们，跟我冲。"而国民党的指挥员总是喊："兄弟们，给我冲。"一个是"跟我冲"，另一个是"给我冲"。一字之差，结果却截然不同。其实，不管何时，率先垂范、以身作则永远都是真理。

那么，领导者应该在哪些方面起到作用呢？

首先，领导者的自律作用。

领导者要在团队中起到先锋模范作用，必须以高标准严格要求自己，因为领导者的工作和生活习惯，会对下属的行为产生十分重要的影响。领导者切不可因为手上有一定的权力，就放松对自己的要求，甚至为所欲为，酿成重大失误。领导者应该高度自律、不断反省，提高自己的道德和管理水平，为大家做好表率。

其次，领导者的带头作用。

"大车跑得快，全靠车头带"。优秀的领导者应该具备"火车头"和"领头雁"的精神。如果说领导是领头雁，下属就是一个雁队，他们的眼光都紧盯着领头雁，领头雁飞向哪里，雁队就飞向哪里。所以，一旦确定了正确的目标，领导者就要带领下属朝着目标奋力前进，并保证方向不会出现偏差。

振臂一呼、应者云集的领导能力，绝不是一个领导职位就能赋予的，没有追随者的领导，剩下的只是职权威慑的空壳，也就是说，是追随者成就了领导者。领导者总是员工目光的焦点，员工往往会模仿领导者的工作习惯和修养，因此，领导者必须以身作则，养成良好的工作习惯和道德修养。

荀子曰："民之原也，源清则流清，源浊则流浊。"总而言之，领导者一定要以身作则，只有做好自己，才能尚同控制。

人 生 智 慧

◇其身正，不令而从；其身不正，虽令不从。

◇为政以德，譬如北辰，居其所而众星共之。

◇民之原也；源清则流清，源浊则流浊。

团结一致，获取成功

【聊天实录】

我：墨老先生，您对上下齐心有何高见？

墨子：我曾在《墨子》中提到：闻善而不善，皆以告其上。上之所是，必皆是之，所非，必皆非之。上有过则规谏之，下有善则傍荐之。

我：您这句话该如何解释呢？

墨子：这句话的意思就是：凡是听到好事和坏事，都要报告给上级。上级认为是对的，大家必须也都认为是对的；上级认为是错的，大家也必须认为是错的。上面有了过错就加以规劝，下面有了善行就加以查访推荐。

我：您的意思是说：一个卓越的领导，有着天生的独特魔力，能够在很短的时间内扭转乾坤，从一无所有到所向披靡，其中的奥妙就是他们拥有一支打不垮的团队。他们能用特立超群的策略，将一群柔弱的"羔羊"训练成一支如雄狮猛虎般的团队，将一个个"庸才"变成"非你不追"、

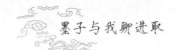

荣辱与共的得力干将。

　　墨子：是的，你说得很对，上下齐心要靠一个领导者尚同控的能力。

【解读】　　　　有效沟通，上情下达

　　作为现代企业的管理人员，麦当劳的领导层就意识到了沟通的重要性。虽然麦当劳的"利益驱动"起了很大的刺激作用，但麦当劳内部最大的团结力完全不在于以金钱为后盾，而在于所有员工对麦当劳的忠诚度和对快餐事业的使命感。忠诚度和使命感的来源则是麦当劳几代高层领导体恤下情、与员工同甘苦的管理品质和管理素质及难以抵挡的个人魅力，频繁的走动管理，既帮助他们获得了丰富的管理资料，又帮助他们通过与数百人以私人朋友的身份交际，达到很好的沟通效果。

　　在麦当劳的创始人——雷蒙·克罗克退休以后，由于麦当劳的事业迅速壮大，员工人数也越来越多，企业高层忙于决策管理，一定程度上忽视了上下的沟通，致使美国麦当劳公司内部的劳资关系越来越紧张，以致爆发了抗议工资太低的劳工游行示威。示威活动对麦当劳公司的高级经理们构成了巨大的冲击，令他们重新认识到加强上下沟通、提高员工使命感和积极性的重要性。针对员工中不断增长的不满情绪，麦当劳公司经过研讨形成了一整套缓解压力的"沟通"和"鼓舞士气"的制度。麦当劳认为与服务员的沟通是极其重要的，它可以缓和管理者与被管理者之间的冲突，提高工作人员的积极性。而如果忽视了与员工的沟通，不管有什么理由，都会阻碍企业命令系统的畅通，使企业不知不觉陷入麻痹，从而失去许多机能。

　　于是麦当劳任命汉堡大学的寇格博士解决沟通的理论问题，而让擅长公共关系的凯尼尔为公司解决实际操作问题，他们很快就有了成果。

　　凯尼尔请约翰·库克及其助手金·古恩设计的"员工意见发表会"变成了麦当劳的"临时座谈会"制度，这种形式在解决同员工的沟通问题上起着特别重要的作用。临时座谈会的目的是为了增强与员工的感情联络。会议不拘形式，以自由讨论为主，虽以业务项目为主要讨论内容，但也鼓励员工畅所欲言甚至倾吐心中不快。计时工作人员可以利用这个机会指责他们的任何上司，把心中的不满、意见和希望表达出来。

所有的服务员都抱着很高的积极性参加座谈会，实践证明，这种沟通方法比一对一的交流更加有效。

为了加强服务员个人之间的交流，除了面谈以外，麦当劳还推行一种"传字条"的方法。麦当劳餐馆备有各式各样的联络簿，例如服务员联络簿、接待员联络簿、训练员联络簿等，让员工随时在上面记载重要的事情，以便相互提醒注意。

麦当劳公司的做法成功地缓和了劳资冲突和对立，他们从中悟出了一个道理：使用警察不是解决劳资冲突的好办法，这不但会损害麦当劳的形象，而且会使矛盾愈加激化，甚至动摇麦当劳帝国大厦的根基。因此，一名优秀的领导，就应该是一个不知疲倦的宣道者。与下属之间进行大量的沟通交流工作，注重相关的每个人、每个班组，对单条信息要做到多次重复，这才是卓有成效的领导过程，才能让领导充分抓住下属的心。

松下幸之助有句名言："企业管理过去是沟通，现在是沟通，未来还是沟通。"雄踞世界500强榜首的零售业巨头沃尔玛公司前总裁萨姆·沃尔顿也曾说道："沟通是管理的浓缩。如果你必须将沃尔玛体制浓缩成一个思想，那可能就是沟通，因为它是我们成功的真正关键之一。在这样一家大公司实现良好沟通的必要性，是无论怎样强调也不过分的。"

沟通不仅能使上下层级关系通畅，做到信息共享，还能起到"攻心"和激励的作用，让全员思想统一，行动一致，从而共创佳绩。

从行为科学的角度来看，组织是一群人对工作职责的了解、团体精神的感受、情感的交流、需要的满足所形成的一个心理状态。沟通有赖于联络，有赖于人的思想和情感的交流和了解。对于一个组织而言，有效的意见交流，可以增进管理者与员工之间、员工相互之间、团体与团体之间的了解和信任，可以使团体间人

际关系得以改善，使团体感、责任心、荣誉感、士气和服务精神随之增强，这样，组织的凝聚力也会因此而得到强化。相反的，缺乏有效的沟通，相互之间得不到理解和信任，就会使组织气氛处于压抑状态，就会使士气低落、人际关系紧张，由此影响组织工作的绩效和效能。

因此说，上级与下级之间的沟通是很有必要的，更有利于上情下达或者是下情上传，进而有利于尚同控制。

上下齐心，其利断金

墨子曰："闻善而不善，皆以告其上。上之所是，必皆是之，所非，必皆非之。上有过则规谏之，下有善则傍荐之。"墨子在这里要求所有的人都要以上级的是非为自己的是非。自己有了好的思想要"毛遂自荐"，及时报告上级，这样好的思想就变为上级所有。同时，上级有了过错，下级就要加以规谏，以使其改正，这样上级就会完美无缺，就会永远比下级正确、智慧和高明。每一级正长（指君主或各级行政长官）本来就是他那个范围内最为贤能的人，所以人人都要与上级的意见保持一致，而不要与下级结党营私，对抗上级。墨子强调自下而上的同一，下级要主动学习上级的善言善行，时时处处以上级为标准。墨子认为里长的任务就是统一其里的不同意见，并率领他的民众上同于乡长，学习乡长的言行举止，使一里的人都成为像乡长一样贤能的人，进而实现乡治。以此类推，由乡长到国君再到天子，最后上同于"天"以实现天下大治。

客观上讲，墨子的这种"上之所是，必皆是之，所非，必皆非之"的思想主张，过于强调是非异义的同一，过于强调下对上的绝对服从，在一定程度上抹杀了下层的积极性和相对的自主性，形成了一种高度专制性的社会整合方式。这种整合方式虽然对于结束当时纷争混乱的社会状况具有一定的积极意义，但在历史上却造成了长期的专制政治传统，其弊害极大。这种思想留给我们的历史教训，是非常值得我们认真加以反思的，它极易导致对人的个性和思想多元的积极价值和意义的抹杀，导致思想观念的教条、单一和僵化，导致社会生机和政治活力及行政工作的灵活性的丧失。

从今天的角度讲，我们应汲取墨子思想留给我们的教训，认真思考并正确处理比如像"中央与地方"、"民主与集中"的关系等这样的重大政治问题。地方只有拥护中央的权威，才能维持"全国一盘棋"及其安定团结的大好局势，但不应该采取墨子的"上之所是，必皆是之，所非，必皆非之"的僵化体制，而是要坚持"中央统一领导下，充分发挥地方积极性"的原则，实现中央和地方的良性互动，既要坚决拥护中央权威，又要关注地方的利益和相对自主性。同时，关于民主与集中的关系问题，也同样应该采取辩证的观点，即要在充分发扬民主的基础上进行集中，以集中来更好地实现民主所追求的政治目标，特别是在讲集中时，必须坚决反对专制的家长作风。只有在破除了唯上是从的工作作风之后，既要下级维护上级的权威，又能充分调动下级的积极主动性，才能真正开创充满生机与活力的政治事业和行政工作的新局面。

在严寒的冬天里，一群人点燃一堆火，大火熊熊，烤得人浑身暖烘烘的。有个人想：天这么冷，我绝不能离开火堆，不然我就会被冻死。其他人也都这么想，于是这堆无人添柴的火不久便熄灭了，这群人全被冻死了。

又有一群人点起了一堆火，一个人想：如果大家都只烤火不添柴，这火迟早会灭的。其他人也都这么想，于是大家都去拾柴，却无人添柴烤火，这火不久也熄灭了。原因是大家只顾拾柴，没有人添柴、烤火，均陆续冻死在捡柴的路上，火最终因缺柴而灭。

还有一群人点起了一堆火，这群人没有全部围着火堆取暖，也没有全部去拾柴，而是制定了轮流取暖拾柴的制度，一半人取暖，一半人拾柴，于是人人都参与拾柴，人人都得到温暖，火堆因得到足够的柴源不住地燃烧，火堆和生命都得以延续。

"众人拾柴火焰高"，这是千年古训。人心不齐，每个人都自私自利，干什么事情都干不好。但个人奉献也好，众人拾柴也好，"火焰高"的真正目的是什么？

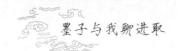

还不是企业、员工乃至社会都能获得更大的利益！这三方面忽略了任何一方的价值、地位和利益，系统和谐都会被破坏，从长远来说，结果只有一个：三败俱伤。

一个领导者再完美，也就是一滴水，一个团队、一个优秀的团队就是大海。一个有高度竞争力的企业，不但要求有完美的员工，更要有完美的团队。

一个世界著名公司的CEO曾这样说过："我的成功，10%是靠我个人旺盛无比的进取心，而90%全仗着我拥有的那支强有力的团队。"的确，单打独斗的个人英雄主义时代已经结束，合作就是力量，讲究团队默契的工作精神已显示出强而有力的成效。如何打造一支无坚不摧的完美团队，已是当代领导出色与否的标志之一。

埃力生集团总裁吴国迪在"七个坚持"中指出："坚持相互信任，相互沟通，营造融洽、进取的团队合作氛围，打造一支富有凝聚力和战斗力的团队。"语言虽简简单单，朴实无华，但细加琢磨，却发现其中意蕴无穷，有着丰富的企业文化内涵和远见卓识的企业经营理念。在当今激烈的市场竞争中，企业要持续发展、要长久屹立于事业之巅，员工在提高自身能力的基础上，只有团结协作、荣辱与共、众志成城，心往一处想，劲往一处使，才能增强企业的凝聚力和战斗力，才能使企业走上可持续发展的道路。

上下齐心的最终目标体现在团队成员的集体主义精神和强烈的事业心和责任感上。只有爱集体的人，才能产生与集体荣辱与共、休戚相关的感情，才能真心实意地与集体风雨同舟、患难与共；只有爱集体的人，才能站在集体的立场上谋大局、讲奉献、立身为公，才能团结共进、众志成城。故此，领导者必须打造一支富有凝聚力和战斗力的团队，仅凭自己单打独斗，则难以取得事业的成功。

人 生 智 慧

◇企业管理过去是沟通，现在是沟通，未来还是沟通。

◇众人拾柴火焰高。

◇一个有高度竞争力的企业，不但要求有完美的员工，更要有完美的团队。

大局为重，先急后缓

【聊天实录】

我：墨老先生，您对大局为重有何高见？

墨子：我曾在《墨子》中提到：凡入国，必择务而从事焉。国家昏乱，则语之尚贤、尚同；国家贫，则语之节用、节葬；国家喜音湛湎，则语之非乐、非命；国家淫僻无礼，则语之尊天、事鬼；国家务夺侵凌，即语之兼爱、非攻。故曰：择务而从事焉。

我：您这句话该如何解释呢？

墨子：这句话的意思就是：凡是到一个国家，必须选择重要的事情去做。国家昏乱，就对他讲"尚贤"和"尚同"的道理，国家贫穷，就对他讲"节用"和"节葬"的道理；国家喜好音乐，沉迷于饮酒，就对他讲"非乐"和"非命"的道理；国家淫邪无礼，就对他讲"尊天"和"事鬼"的道理；国家欺凌、掠夺、侵略别的国家，就对他讲"兼爱"和"非攻"的道理。所以说，要选择重要的事情去做。

我：您的意思是说：做事情应该选择那些迫切需要的、重要的事情去做。在面对问题的时候，要根据事情的轻重缓急做出恰当的选择，这样做起来就会井井有条，事半功倍。

墨子：是的，你说得很对，必择务而从事焉。

【解读】 　　大局为重，高效协调

事有轻重缓急，领导者在处理问题，尤其是在应对突发事件时，也不能想到什么就做什么，面临对什么就处理什么，而要保持冷静，分清轻重缓急，抓住重点，

抓住主要矛盾，这是培养全局观、战略观的基本要求，也是成功者最大的处事秘诀。

美国的卡耐基在教授别人期间，有一位公司的经理去拜访他，看到卡耐基干净整洁的办公桌感到很惊讶。他问卡耐基说："卡耐基先生，你没处理的信件放在哪儿呢？"

卡耐基说："我所有的信件都处理完了。"

"那你今天没干的事情又推给谁了呢？"老板紧迫着问。

"我所有的事情都处理完了。"卡耐基微笑着回答。看到这位公司老板困惑的神态，卡耐基解释说："原因很简单，我知道我所需要处理的事情很多，但我的精力有限，一次只能处理一件事情，于是我就按照所要处理的事情的重要性，列一个顺序表，然后就一件一件地处理，结果，完了。"说到这儿，卡耐基双手一摊，耸了耸肩。

"噢，我明白了，谢谢你，卡耐基先生。"几周以后，这位公司的老板请卡耐基参观其宽敞的办公室，对卡耐基说："卡耐基先生，感谢你教给了我处理事务的方法。过去，在我这宽大的办公室里，我要处理的文件、信件等等，都是堆得和小山一样，一张桌子不够，就用三张桌子。自从用了你说的法子以后，情况好多了，瞧，再也没有没处理完的事情了。"

这位公司的老板，就这样找到了处事的办法，几年以后，成为美国社会成功人士中的佼佼者。我们为了个人事业的发展，也一定要根据事情的轻重缓急，制出一个事情表来。人的时间和精力是有限的，不制订一个顺序表，我们就会对突然涌来的大量事务手足无措。

领导者总是会遇上各种各样的问题和麻烦。这些令人应接不暇的大事小事，有时候就像热气球遇上麻烦一样到处乱撞，照顾了这一点又忘记了那一点，无论怎样权衡利弊，始终不能尽善尽美。这时，领导者就要善于发现并解决其中最迫切的问题。只有先解决这些问题，才能解决其他问题，否则，在细枝末节上浪费时间就会贻误时机，导致失败。

作为领导者，每天都要面对很多问题，因此领导者要有顾全大局，高效协调的能力：凡事都有轻重缓急，最重要的事情应该优先处理，不应和其他事情混为一谈。对那些零零散散的事务，可以先把它们按照"急重轻缓"的顺序整理好，然后再着手处理。否则，一个领导连自己的事务都处理不好，如何尚同控制，服众人呢？

✍ 事有先后，用有缓急 ✍

俗话说："事有先后，用有缓急。"对一个领导者来说，千头万绪，问题繁多，特别是在社会高度发展的今天，社会关系、人际关系和工作关系更加复杂化、多样化，这就客观需要领导者具备更高的协调、筛选和处理各种信息和事务的能力。遇事不可"眉毛胡子一把抓"，特别是面对突发事件的时候，更应该分清主次和轻重缓急，要善于抓主要矛盾，解决主要问题，不断培养领导者顾全大局、协调各方的能力。

墨子准备外出游历，魏越问墨子："您见了各国的君主后，会先对他们说些什么呢？"

墨子回答说："凡到一个国家，一定要选择紧迫的事去做。假若国家昏乱，就对他讲'尚贤'、'尚同'的道理；假若国家贫困，就对他讲'节用'、'节葬'的道理；假若国家沉湎于音乐和酒，就对他讲'非乐'、'非命'的道理；假若国家淫乱无礼，就对他讲'尊天'、'事鬼'的道理；假若国家掠夺侵凌他国，就对他讲'兼爱'、'非攻'的道理。"

墨子认为：做事应先选择那些迫切需要的、重要的事情去做。在面对问题时，如果能按事情的轻重缓急来处理，不但做起事来井井有条，而且能抓住时机，高效地把事情做好，否则，就会延误时机，导致事情失败。

东汉中平元年，于禁投奔东郡太守曹操，不久即随曹操征讨张绣。初次交战，魏军大败，曹操仓皇率败军往青州退却，张绣率大军紧迫于后。

此时青州正由于禁和夏侯淳镇守，夏侯淳同曹操是同姓兄弟，便纵兵借袁军之名，掠劫民家。于禁则率本部军沿东部剿杀扰民之流兵散勇，安抚众民。

这时曹操已败回青州，扰民之兵哭拜于地，说于禁造反，赶杀青州军马。曹操大惊，命夏侯淳、李典、许褚等整兵迎击于禁。

于禁见曹操及诸将整兵俱到，如临大敌。有人劝说于禁："青州军在曹丞相面前诽谤，说将军造反，今丞相领大军已到，显然是听信了谎言，将军不前去向丞相分辩，为什么还安营扎寨呢？"于禁坦然说："张绣贼兵追赶在后，立即就到，若不先准备迎敌而自己人先分辩是非，怎样拒敌？分辩事小，退敌事大。为将者应先公而后私，处政则宜先敌而后己。"

于禁的营寨刚刚安顿完毕，张绣的追兵即分两路杀到，于禁率兵乘敌远道疲惫而至，大举迎头痛歼，张绣兵败而逃。

于禁收军点将，安顿好士兵，只身人见曹操，详细禀明青州兵肆行乡里，掠夺财物，大失民望，以致流民占山为寇，致袁残余与流民汇合，破坏了魏军青兖根基。

曹操反问于禁："不先向我禀报，先安营下寨，怎样解释？"于禁把前番话又申诉一遍。曹操这才下座，牵其手，绕帐一周，对众将说："于将军在匆忙之中能整兵坚垒，任劳任怨，反败为胜。虽古之名将何以加兹！"曹操遂封于禁为益寿亭侯。

于禁将军在面对突变时能分清事情轻重缓急，先解决了全军的危机，后化解了自己的危机，其以大局为重的全局观得到了曹操的充分肯定。

人 生 智 慧

◇必择务而从事焉。

◇事有先后，用有缓急。

◇做事应先选择那些迫切需要的、重要的事情去做。

审慎听取，统一意见

【聊天实录】

我：墨老先生，您对统一意见有何高见？

墨子：我曾在《墨子·亲士》中提到：助之视听者众，则其所闻见者远矣；助之言谈者众，则其德音之所抚循者博矣；助之思虑者众，则其弃谋度速得矣；助之动作者众，即起举事速成矣。

我：您这句话该如何解释呢？

墨子：这句话的意思就是：帮助他视听的人多了，那么他的所见所闻就远大了；帮助他言谈的人多了，那么他的恩诏善言所安抚的区域也就广阔了；帮助他思考的人多了，那么他的谋划与忖度也就能很快地实行了；帮助他行动的人多了，那么他的行事也就能很快成功了。

我：您的意思是说：一个人要想成就一番事业，单靠自己的力量是远远不够的，刚愎自用的结果往往是独自一人品尝失败的苦果；而只有众志成城、团结一致、齐心协力，才可能取得事业的成功。

墨子：是的，你说得很对，在上的当权者，为政治国一定要学会用众和借势的统治技巧，要善于化众人的视听、言谈、思虑和动作为己所用，一定要倾听下属的意见和建议。

【解读】　　集思广益，事半功倍

不论一个人的才能是大还是小，只要他的能力和长处对自己有帮助，他就可以为我们所用。正确用人对企业管理者来说尤为重要，企业要人来维系，财富要人来创造，人是一切事业成功的前提和根本。在竞争日趋激烈的今天，如何充分

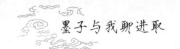

地用人已成为管理者成败和企业发展兴衰的关键。

再高明的管理者，也不能单靠自己的智慧，就能制定出一整套干大事业的行动方针，他必须集中众人的智慧，集思广益方可成事。集思广益是前人在长期实践中总结出来的制胜法宝，其中蕴涵着深刻的道理和原则，是做出好决策的必备法宝。

在这个问题上，杰克·韦尔奇曾说："CEO 的任务，应该对他手下人的成长感到自豪。企业的副总应当对他的领域负起责任，而不是等 CEO 向他发号施令，如果所有的想法都来自 CEO，CEO 告诉每一个人如何做每一件事的话，这样的企业就很难长远成功。企业的成功需要集思广益，所有的人都要有激情。"他还说："我在通用的时候，我们的销售达到 1300 多亿美元，我们制作发动机，制作电影，生产医疗设备，制造塑料产品，等等。大家想一想，在这么多的领域，如果让我来告诉大家怎么做发动机，怎么做塑料产品，怎么制作电影，如果这样做的话，做出来的肯定是特别滥的电影。所以，一定要调动所有人的积极性，用集思广益来促进新思想的出现和创造力的出现。"

通用电气公司的前身是美国爱迪生电气公司，创立于 1878 年。经过一百多年的努力，通用电气公司现已发展成世界上最大的电气设备制造企业。生产的产品种类繁多，除了一般的电气产品，如家电、X 光机等，还生产电站设备、核反应堆、宇航设备和导弹。但到了 1980 年，这个巨大的企业却到了山穷水尽、难以维持的境地。

就在这个危急关口，年仅 44 岁，出生于一个火车司机家庭的韦尔奇走马上任，担任了这个庞然大物般的企业的董事长和总裁。

他上任后进行了一系列改革，其中最重要的一条就是宣布通用电气公司是一家"没有界限的企业"，他指出："毫无保留地发表意见"是通用电气公司文化的重要内容。

"集思广益"的大部分理论基础包含着诸如工人的参与、信任感和下放权力等平凡甚至有些陈旧的观念，它拆除了"蓝领"和"白领"的界限，不同岗位、不同阶层的职员集中到一起，针对某些问题研究提出建议和要求，当场确定实施意见。这种管理方式，减少了大量中间环节，迅速提高了行政效率。

"集思广益"讨论会不仅带来了明显的经济效益，而且让员工广泛参与管理，感受运用权力的滋味，从而大大提高了员工的工作热情。

1987年，通用电气公司制造一台燃烧室喷气发动机上的关键部件需要30周，通过开展"集思广益"活动，1991年初，这一产品的生产周期缩短到8周，如今只需4周，负责制造加工燃烧室的员工们还在商讨10天内完成任务的可能性。

"集思广益"讨论会已成为通用电气公司的一种日常性的活动，随时都可以根据需要举行，参与人员也从员工扩大到顾客、用户和供应商。

在这种工作经历中，人们看到企业的言行一致，他们的信任感在这个过程中不断地增长，智慧的火花不断地迸发。过去只被要求贡献时间和双手的人们现在感到他们的头脑和观点也开始备受重视了，在听取他们想法的过程中，每个人都更加清楚地认识到，越是接近于具体工作的人就越是看得透彻。

审慎听取，统一意见

墨子认为，大地不以昭昭为明（而美丑皆收），大水不以潦潦为大（而川泽皆纳），大火不以燎燎为盛（而草木皆容），王德不以尧尧为高（而贵贱皆亲），这样才能做千万人的首领。集千万人之长而为我所用，何愁做不成大事呢？

诸葛亮到东吴做客，为孙权设计了一尊报恩寺塔。其实，这是诸葛亮先生要掂掂东吴的分量，看看东吴有没有能人造塔。宝塔要求高，单是顶上的铜葫芦，就有五丈高，四千多斤重。孙权被难住了，急得面黄肌瘦。后来寻到了冶匠，但缺少做铜葫芦模型的人，便在城门上贴起招贤榜。时隔一月，仍然没有一点儿下文。诸葛亮每天在招贤榜下踱方步，高兴得直摇鹅毛扇子。

那城门口有三个摆摊子的皮匠，他们面目丑陋，又目不识丁，大家都称他们是丑皮匠。他们听说诸葛亮在寻东吴人的开心，心里不服气，便凑在一起商议。他们足足花了三天三夜的工夫，终于用剪鞋样的办法，剪出个葫芦的样子，然后，

再用牛皮开料，硬是一锥子、一锥子地缝成一个大葫芦的模型。在浇铜水时，先将皮葫芦埋在砂里，这一着，果然一举成功。诸葛亮得到铜葫芦浇好的消息，立即向孙权告辞，从此再也不敢小看东吴了。所以才有了，"三个臭皮匠，胜过诸葛亮"的故事，就这样成了一句寓意深刻的谚语。

再有，"三个臭皮匠，赛过诸葛亮"，听说原来为"三个臭裨将，赛过诸葛亮"，"裨将者，副将也"，因"皮匠"与"裨将"谐音，故有此一说。比喻人多智慧多，有事请经过大家商量，就能商量出一个好办法来。这其中的道理与墨子这句话的意思是一致的，只是墨子主要是针对执政当权者而言的。但是墨子给我们后人却有很大的启示：无论是执政当权也好，企业管理也好，想成就一番伟业，单凭个人的力量是远远不够的。古今中外，凡成大事者，无不是以自己为中心建立了一个集众人所长与智慧的优秀团队。

人 生 智 慧

◇一个好汉三个帮。

◇三个臭皮匠，顶个诸葛亮。

◇凡成大事者，无不是以自己为中心建立了一个集众人所长与智慧的优秀团队。

善用法律，赏罚分明

【聊天实录】

我：墨老先生，您对赏罚分明有何高见？

墨子：我曾在《墨子》中提到：必疾爱而使之，致信而持之，富贵以道其前，明罚以率其后。为政若此，唯欲毋与我同，将不可得也。

我：您这句话该如何解释呢？

墨子：这句话的意思就是：必须切实地深爱民众才能驱使他们，必须对民众信任才能拥有他们，用富贵在前面引导，用严明的刑罚在后面督率。像这样治理政事，即使想要民众与自己不一致，也是不可能的。

我：您的意思是说：法律上的赏罚必须和舆论上的毁誉相一致，即行政法律和道德评价相统一，富贵利禄的诱导和酷吏刑罚的威慑相呼应，对于老老实实尚同其上的人就要宽和奖赏，相反，对于不尚同其上的人就要用"五刑"来加以惩罚。

墨子：是的，你说得很对，同义"的过程需要刑罚的监督和约束，同时解决政治整合过程中产生的矛盾也需要刑罚的威慑作用。

【解读】 ❧ 赏罚严明，宽猛相济 ❧

孔子曾经说过："政宽则民慢，慢则纠之以猛。猛则民残，残则施之以宽。宽以济猛，猛以济宽，政是以和。"（《左传·昭公二十年》）对于那些顽固不化的小人就要用刑罚这种强制的措施加以规约和威慑，对于那些循规蹈矩、服从领导的人就采用宽和的道德感化的方式，等等。墨子所谓的"富贵以道其前，明罚以率其后"，其实也就是孔子所说的"宽"与"猛"的两手策略。

古代兵书上说：如果奖赏无功者，惩罚无罪者，部属就会背叛你。由此可见古人深谙赏罚为治军之道，墨子亦是如此。

赏罚严明是墨家核心思想之一，在墨子的论著中多有论及。如墨子在《尚贤》中说："苟赏不当贤而罚不当暴，则是为贤者不劝，而为暴者不沮矣。"墨子的尚贤，主张对贤能之士予以重赏，"高予之爵，重予之禄，任之以事，断予之令"，这叫"赏誉当贤"。同时对暴者、不肖者加以惩处，实施"罚当暴"原则，又如《兼爱》中有"劝之以赏誉，威之以刑罚"。

墨子赏罚严明的言论，无论对治国，还是治业，都有一定的指导作用。

吴起

春秋战国时期，魏国的大军师吴起向君王魏武侯建议：当武侯于祖庙设宴款待国家的有功之臣时，席位应该按功绩的大小分列成前、中、后三排。建立了上等功绩的功臣当坐于前排，享受最上等的菜肴和最好的餐具；功绩稍次的臣子坐于中排，餐具和菜肴相对差些；而没有功绩的人就坐在最后面，菜肴和餐具当然是最次的了。同时，在宴席之后，还要在庙门之外对有功之人的家属，按其功绩大小进行赏赐。这样，不仅有功者受到了与其功绩相称的恩宠，而无功者亦于无形中受到鞭策，使之以此自勉。以图日后立功。

吴起的建议与墨子如出一辙，虽然做法在现代并不完全适用，但其精神，无论在行政管理，还是商业战场上仍然值得我们借鉴与思考。

惩罚与奖励，是领导者在工作中常用的两件利器。但在做出惩罚决定时，其先决条件是弄清事实。只有在事实清楚后的惩罚才会做到掷地有声，又稳又准。事实会被假象所掩盖，领导者必须分清事实与怀疑之间的界线，必须创造出一个让员工感受到公开、诚实、信任的氛围。

善用法律，赏罚分明

对待事实问题，还必须区分事实与观点的不同。抓住核心的事实，才能够展开详尽的调查。弄清了核心的事实，才能更好地做出有效的决定。

惩罚和奖励的目的都是为使员工更努力地工作，但有时候，由于某些制度或程序的障碍，造成所需要的行为与所惩罚或所奖励的行为之间不一致，因此也无法达到最初目的。

一位年轻的工程师想请 3 天假陪家人去郊游，但他的老板没有批准，因为部门最近的工作很紧张，工人们每天都要加班，连星期六也不能休息。有一天，这位保持最高迟到纪录的工程师又晚到了 30 分钟，老板对此十分生气，警告他："如果你再迟到一次，我将让你停职 3 天并扣除工资。"你猜第二天谁迟到了？还是这位工程师！这位工程师听到这一警告，为这一难得的机会而沾沾自喜。他终于可以实现自己郊游的愿望了。于是第二天，他故意去得很晚。如其所料，他被停工 3 天，扣除 3 天工资，但他可以与家人一起出去郊游了，他满足了自己的需求。那位老板自以为做得正确，自己"正确"地维护了管理制度，但部门的工作还是无法按时完成。

以上事例中老板按常规办事的做法，造成了惩罚行为与惩罚效果的严重脱节。那位老板敲的警钟最后还是没有敲到实处，反而正击中这位工程师的下怀。奖励也是一样，有时造成奖励行为与奖励目的的脱节。领导者奖励什么行为，将会得到更多的这种行为。

领导者对下属的功绩，一定不能忽视。当然，对下属的功劳大有大的奖励方法，小有小的鼓励方式，要因人而异、因功绩而异，但一定要遵循一个前提，就是赏罚分明。

1. 有过必要罚。一个团体必须讲究纪律，不能因这个人平时对我好或者是亲朋好友，有过就不惩罚，很容易引起别人的不平。领导者应有过必罚，不能优柔寡断，感情用事，这样才能团结一致，有效地调动所有员工的积极性。

2. 有功必要赏。部属有功劳而不奖赏，他就会失望，久之就不愿再立功，甚至造成上下离心离德，难以领导。《说苑》中说："有功者不赏，有罪者不罚；多赏者进，少赏者退；是以群臣比周而蔽贤，百吏群党而多奸；忠臣以诽死于无罪，邪臣以誉赏于无功，其国见于危亡。"所以有功必赏，可以激励员工的工作态度，也能融洽上下关系。

在今天，对于"宽猛相济"的为政艺术，如果能够善加运用，也会发挥积极的治理效果和作用。具体地讲，我们在提倡人们应加强自我的道德自律和自觉遵守文明规范的同时，也必须加大立法力度，完善法制建设，充分发挥法律的强制和威慑作用，从而才能维护社会秩序的安定和谐，促进社会主义各项事业有序、稳定、健康地发展。

奖赏可使好的得到发扬，惩罚可使坏的得到遏制。如军队赏罚严明，可以提升军中士气；公司赏罚严明，可以提升公司的业绩。赏罚严明，体现了褒扬贬抑，指示了人们行动的方向，强化正当的进取，弱化错误的选择；赏罚严明，给人以精神上的满足或抑制，它通过奖赏，肯定了员工的劳动价值乃至人生价值；通过惩罚，否定了一些错误行为和消极因素，故此，赏罚严明是领导者尚同控制必不可少的一项管理策略。

人 生 智 慧

◇宽以济猛，猛以济宽，政是以和。

◇劝之以赏誉，威之以刑罚。

◇赏罚严明是领导者尚同控制必不可少的一项管理策略。

第七章

墨子与我聊戒贪节流

　　"节俭则昌，淫佚则亡。"这句话告诉大家，勤俭节约者能够昌盛，骄奢淫逸者亡。告诉人们尤其是统治阶级应该在衣、食、住、行等各个方面都要注意节俭，不可过度消费或奢侈浪费，发展生产要以是否利于民众、是否有益于社会为原则。在丧葬方面，也要注意节俭。

强本节用，去除浪费

【聊天实录】

我：墨老先生，您对强本节用有何高见？

墨子：我曾在《墨子·天志下》中提到：欲其富而恶其贫。

我：您这句话该如何解释呢？

墨子：这句话的意思就是：喜欢人类富有而讨厌他们贫穷。

我：您的意思是说：富足能解放人性，而贫穷饥饿会使人性异化。

墨子：是的，你说得很对，时年岁善，则民仁且良；时年岁凶，则民吝且恶。

【解读】 强制节俭，刻不容缓

墨子认为：古代圣人治政，宫室、衣服、饮食、舟车只要适用就够了。而现在的统治者却在这些方面穷奢极欲，大量耗费百姓的民力财力，使人民生活陷于困境，甚至让很多男子过着独身生活。因此，他主张凡不利于实用、不能给百姓带来利益的东西，应一概取消。

技艺：凡天下百工，如制车轮的、造车子的、制皮革的、烧陶器的、冶炼金属的、当木匠的等，使各人从事自己擅长的技艺，足以满足民众的需要就可以了。

饮食：足以充饥增气，强壮手脚身体，使耳聪目明，就可以了。不极尽五味的调匀和香气的调和，不招致远方珍贵奇异的食物。

衣服：冬天穿青色的衣服，又轻又暖和；夏天穿细葛布或粗麻布，又轻便又凉爽，就可以了。

房屋：房屋四面可以抵御风寒，上面可以防御风霜雨露，房屋里面光明洁净，可以祭祀，墙壁足以使男女分别居住，就可以了。

丧葬：衣三件，足以使死者肉体朽烂在里面；棺木三寸厚，足以使死者骨头朽烂在里面；掘墓穴，要深但不通泉水，尸体的气味不发泄出来，死者既已埋葬，生者就不要长久因丧致哀。

在古人的眼中，节俭，既是修身养性所必须，同时也与国家、民族的命运紧密相连，今天亦然。

晏婴出身齐国的世家，曾经辅佐三个君主，因节俭而在齐国名声很大。晏婴吃饭时没有多少肉，妻妾不穿绸缎，祭祀先人的时候，猪肩盖不住盛器，所以《礼记·礼器》中说：晏婴祭祀他的祖先，祭牲盛不满肉器，穿着洗过许多次的衣服上朝。

与节俭相对的是奢侈，奢侈之风一有，人的思想就会受到侵蚀，贪欲也会越来越大，那么灾祸也会接踵而来了。须知由俭入奢易，从奢入俭难。

关于节俭，与墨子同论者颇多。

老子云："夫我有三宝，持而宝之：一曰慈，二曰俭，三曰不敢为天下先。"老子把节俭视为持身处世的法宝之一。

孔子云："奢则不孙，俭则固。与其不孙也，宁固。"奢侈显得傲慢，节俭显得寒酸。与其傲慢，宁可寒酸。

《忍经》云："以俭治身，则无忧；以俭治家，则无求。"用节俭来修身养性，就不会有大的忧患；用节俭来治理家务，就不会有过多的请求。

这一点宋儒司马光也有过很精彩的论述，他认为当时"众人皆以奢靡为荣，吾心独以俭素为美。人皆嗤吾固陋，吾不以为病，……古人以俭为美德，今人乃以俭相诟病。嘻，异哉"！

当时就有人讥笑司马光为糊涂，不开化，但他坚持自己的看法，认为有道德的人都是由节俭而来的。人生活上俭，需求上就少，欲望少，就可直道而行；而人若多欲，则必贪富贵，想富贵，但钱不够用，这样在官则必贪，在民则必盗。

以为俭乃古往今来中华民族的美德，弃俭而尚奢，无异于本末倒置，对于年轻人来说是十分有害的。从老年人的角度视之，年轻一代不知世事艰难，更不明"粱肉不企骄奢，而骄奢自来"的道理。且年轻人正在长知识、求进取之时，在物质享受上耽陷太多的精力，过于追求美食、鲜服，就会徒耗许多宝贵时间。其实这不仅仅是家庭和个人经济条件如何的问题，而是一个关于风气和修养的问题。

这使我们很自然地就联想起今天的情况来。商品经济日益发展，人们随着改革开放的不断深入，生活水平也逐渐提高了。年轻人讲享受，谈消费，与他们的父辈和祖辈在观念上完全不同了。司马光若能看到今天的情况，真不知该发何议论！或有人会说，时代不同了观念自然要变，对物质享受的要求也是会随之变化的，有何可非议的呢？其实，这里边有个作风问题。过于吝啬自然可笑，肆意铺张浪费则更属可恶。穿着细事之中，礼尚往来之际，确有个修养问题。将物质文明孤立起来，抽掉了精神文明，无论如何总是一种缺憾。司马光"会数而礼勤，物薄而情厚"的说法就非常可取，无论朋友亲戚、常聚常会、年节假日纪念性或象征性的礼品相酬，彼此其乐融融。情厚不在礼重，反之，情薄而处利害中倒可能要以厚礼维系。

"以俭立名，以侈自败"。在我们今天的现实生活中，恐怕亦不乏实例，说到底，俭是一种克制，奢是一种放纵，作为万物之灵的人，没有克制和自持，是不可想象的。明代姚舜牧说得好："惟清修可胜富贵，虽富贵不可不清修。"歌德说得亦好："低等动物受它的器官的指导，人类则指导他的器官并且还控制着它们。""毫无节制的活动，无论属于什么性质，最后必将一败涂地。"

节俭是一种美德，一种智慧，更是一种宝贵的精神；节俭，有助于一个人修身养性、陶冶情操；节俭是一种美德，是一种修养；节俭是对自身欲求有节制，对国家、民族、家庭、自我负责任。

节俭是一种力量。节俭往往和进取、积极、奋斗、乐观向上的人生态度相关。一个人、一个企业、一个单位重视节俭，就能更有计划、有目标、有条理地去实现自己的追求。节俭体现的是一种忧患意识，一种可持续发展的深谋远虑，是为子孙后代着想的未雨绸缪举。节俭，对任何人来说都刻不容缓。

强本节用，去除浪费

孔子被围困在陈国、蔡国之时，有一段时间只有野菜汤喝，非常狼狈。后来，实在忍不住了，孔子的徒弟子路不知从哪弄来了一头小猪，杀了给孔子打牙祭，孔子问都没问便大嚼起来。子路又抢了别人的衣服，用来换酒，孔子也不问酒从何来张口就饮，鼓吹礼教的老祖宗一点礼义廉耻的影儿都没有了。后来孔子到了鲁国，鲁哀公久闻其大名，待为座上宾。在鲁哀公的欢迎宴上，筵席摆得不端正孔子不坐，割下的肉不方正孔子不吃。

子路颇为惊诧，上前问道："先生为什么跟在陈、蔡时的态度相反呀？"

孔子说："从前我们是苟且偷生，现在我们则是要获取道义。"饥饿困逼之时，则不惜妄取以求活命，礼义就被抛到九霄云外了；到了饱食有余之际，礼节规矩就来了。

如果礼义只在不饥不寒、生活富足的情况下才适用，那么，这种礼义就该打个问号了，要么礼义本身是虚伪的，要么鼓吹礼义的人是虚伪的。墨子要求执政者"兴天下之利"，这里所说的"利"，主要指使民"富庶"。如何做到这一点呢？墨子提出要增产节约"强本节用"，建设节约型社会。"因其国家，去其无用之费"指的是开发本国资源，再加上节俭。

节俭为何？墨子是一个实用主义者，而且还是一个以民众言论与利益判断是非利害的实用主义者。墨子"言必三表"的另外"两表"说得很明白，"有原之者"："下原察百姓耳目之实"，指的是倚重民声。"有用之者"："废以为刑政，观其中国家百姓人民之利"，指的是可否为民众带来实际利益（参见《墨子·非命上》）。

重要的是，墨子认为国俭才能民富，"强本节用"首要在于反对国家官员的铺张浪费。他的《节用》《节葬》《非乐》都把矛头直接对准当时的天子国君，《辞过》篇中也激烈批评"当今之主""暴夺、民衣食之财"造成"富贵者奢侈，孤寡者冻馁"，可以说墨子是中国历史上第一个提出反腐败理论的思想家。墨子的这个节约型社会，比今天文山会海上讲下宣的那一套要高明得多。

在当时受儒家的厚葬观念影响，贫困的百姓往往因离世的家人一个葬礼被弄得倾家荡产，节葬可使百姓节省财力物力。王官贵族的隆重葬礼其背后是更变本加厉地剥削百姓，节葬更是反对王官贵族死后以活人殉葬，使百姓家破人亡，在今天，依然有人不顾一切要厚葬的。一位乡村里的村长的母亲死了竟然发动全村搞了一个极其隆重的葬礼，一个村委人还没死就花一百多万为自己建了一个高度华丽的坟墓。

节用对象只求实用不求华丽，吃饭只求吃饱和达到营养目的就够，不必吃得高档。街上许多辛勤的拾荒者要吃顿好饭都多么不容易，而一些人却能一餐吃上万块，还是用公款，饭茶非要吃剩一大半才叫有面子，才叫派头。买衣服一定要买最时尚的最流行的最名牌的，要是他们节省下来的钱能顺应天的意志去帮助有困难的人那多有意义啊。据说世界上最贵的数码产品、最名牌的服装，在我国的销量是最高的，许多追示时尚的人一年就换两三次手机，手机其实最重要的功能就是打电话和发短信，信号收得好就已经很足够了，这功能那功能其实又有多少是常用的。

在我国急速发展的现在，消耗能源非常大，也造成很大的浪费，又没做好环境保护，形势很不乐观。而且据绿色和平调查，按现在世界上这种开采的速度，地球的石油也只能开采多40年就完了。节用对世界每一个人都是要学习的，我们不一定要做到像墨家弟子那样以苦为极乐，但起码我们要学习墨家那种勤奋好学积极进取的人生观，学习墨家那种兴万民之利除天下之害的精神，就如后来陈仲和许行提出的"贤者与民同耕，反对不劳而食"。

人生智慧

◇以俭立名，以侈自败。

◇毫无节制的活动，无论属于什么性质，最后必将一败涂地。

◇贤者与民同耕，反对不劳而食。

勤俭节约，必定昌盛

【聊天实录】

我：墨老先生，您对勤俭节约有何高见？

墨子：我曾在《墨子·节用中》中提到：俭节则昌，淫佚则亡。

我：您这句话该如何解释呢？

墨子：这句话的意思就是：节俭的就昌盛，淫佚的就灭亡。

我：您的意思是说：人们只要勤俭节约，就一定会昌盛起来，但是如果奢侈浪费的话，就一定会灭亡。

墨子：是的，你说得很对，人们一定要勤俭节约。

【解读】 **人生苦短，惜时如金**

　　爱迪生一生只上过三个月的小学，他的学问是靠母亲的教导和自修得来的。他的成功，应该归功于母亲自小对他的谅解与耐心的教导，才使原来被人认为是低能儿的爱迪生，长大后成为举世闻名的"发明大王"。

　　爱迪生从小就对很多事物感到好奇，而且喜欢亲自去试验一下，直到明白了其中的道理为止。长大以后，他就根据自己这方面的兴趣，一心一意做研究和发明的工作。他在新泽西州建立了一个实验室，一生共发明了电灯、电报机、留声机、电影机、磁力析矿机、压碎机等等总计两千余种东西。爱迪生的强烈研究精神，使他对改进人类的生活方式，做出了重大的贡献。

　　"浪费，最大的浪费莫过于浪费时间了。"爱迪生常对助手说，"人生太短暂了，要多想办法，用极少的时间办更

爱迪生

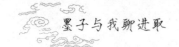

多的事情。"

一天，爱迪生在实验室里工作，他递给助手一个没上灯口的空玻璃灯泡，说："你量量灯泡的容量。"他又低头工作了。

过了好半天，他问："容量多少？"他没听见回答，转头看见助手拿着软尺在测量灯泡的周长、斜度，并拿了测得的数字伏在桌上计算。他说："时间，时间，怎么费那么多的时间呢？"爱迪生走过来，拿起那个空灯泡，向里面斟满了水，交给助手，说："里面的水倒在量杯里，马上告诉我它的容量。"

助手立刻读出了数字。

爱迪生说："这是多么容易的测量方法啊，它又准确，又节省时间，你怎么想不到呢？还去算，那岂不是白白地浪费时间吗？"

助手的脸红了。

爱迪生喃喃地说："人生太短暂了，太短暂了，要节省时间，多做事情啊！"

历数古今中外一切有大建树者，无一不惜时如金。古书《淮南子》有云："圣人不贵尺之璧，而重寸之阴。"汉乐府《长歌行》有这样的诗句："百川东到海，何时复西归？少壮不努力，老大徒伤悲。"晋朝陶渊明也有惜时诗："盛年不重来，一日难再晨，及时当勉励，岁月不待人。"唐末王贞白《白鹿洞》诗中更有"一寸光阴一寸金"的妙喻。法国作家巴尔扎克把时间比作资本，德国诗人歌德把时间看成是自己的财产。鲁迅先生对时间的认识更深刻，他说："时间就是生命，无端地空耗别人的时间，其实无异于谋财害命。"法拉第中年以后，为了节省时间，把整个身心都用在科学创造上，严格控制自己，拒绝参加一切与科学无关的活动，甚至辞去皇家学院主席的职务。居里夫人为了不使来访者拖延拜访的时间，会客室里从来不放座椅。76岁的爱因斯坦病倒了，有位老朋友问他想要什么东西，他说："我只希望还有若干小时的时间，让我把一些稿子整理好。"

当代青少年多数都很羡慕美国、日本富裕的生活及其轿车、电器的时候，可曾想过他们是多么珍惜时间吗？早在200多年前美国还没独立的时候，美国启蒙运动的开创者、科学家、实业家和独立运动的领导人之一富兰克林就在他编撰的《致富之路》一书中收入了两句在美国流传甚广、掷地有声的格言："时间就是生命"，"时间就是金钱"。20世纪90年代初，中国辽宁青年参观团在日本出席一个会议，出国前团长准备了厚厚一沓发言稿，可是届时日方官员递上的会序表却写着："中方发言时间：10点17分20秒至18分20秒。"发言时间仅为一分钟。这在那些"一杯茶水一支烟，一张报纸看半天"的人看来，似乎不可思议，而在日本却是极为平常的。日本从工人到学者，时间观念都非常强。他们考核岗位工人称不称职的基本标准就是在保证质量的前提下单位时间的劳动量，时间一般精确到秒。

以俭立名，以侈自败

从前，在中原的伏牛山下，住着一个叫吴成的农民，他一生勤俭持家，日子过得无忧无虑，十分美满。相传他临终前，曾把一块写有"勤俭"两字的横匾交给两个儿子，告诫他们说："你们要想一辈子不受饥挨饿，就一定要照这两个字去做。"

后来，兄弟俩分家时，将匾一锯两半，老大分得了一个"勤"字，老二分得一个"俭"字。老大把"勤"字恭恭敬敬高悬家中，每天"日出而作，日入而息"，年年五谷丰登。然而他的妻子过日子却大手大脚，孩子们常常将白白的馍馍吃了两口就扔掉，久而久之，家里就没有一点余粮。老二自从分得半块匾后，也把"俭"字当作"神谕"供放中堂，却把"勤"字忘到九霄云外。他疏于农事，又不肯精耕细作，每年所收获的粮食就不多。尽管一家几口节衣缩食、省吃俭用，毕竟也是难以持久。

这一年遇上大旱，老大、老二家中都早已是空空如也。他俩情急之下扯下字匾，将"勤""俭"二字踩碎在地。这时候，突然有纸条从窗外飞进屋内，兄弟俩连忙拾起一看，上面写道："只勤不俭，好比端个没底的碗，总也盛不满！""只俭不勤，坐吃山空，一定要受穷挨饿！"兄弟俩恍然大悟，"勤""俭"两字原

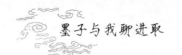

来不能分家，相辅相成，缺一不可。

吸取教训以后，他俩将"勤俭持家"四个字贴在自家门上，提醒自己，告诫妻室儿女，身体力行，此后日子过得一天比一天好。

说到底，俭是一种克制，奢是一种放纵，作为万物之灵的人，没有克制和自持，是不可想象的。明代姚舜牧说得好："惟清修可胜富贵，虽富贵不可不清修。"洋人歌德说得亦好："低等动物受它的器官的指导，人类则指导他的器官并且还控制着它们。""毫无节制的活动，无论属于什么性质，最后必将一败涂地。"

人 生 智 慧

◇圣人不贵尺之璧，而重寸之阴。

◇粱肉不企骄奢，而骄奢自来。

◇惟清修可胜富贵，虽富贵不可不清修。

身外之物，学会放下

【聊天实录】

我：墨老先生，您对身外之物有何高见？

墨子：我曾在《墨子》中提到：吾闻之曰：'非无安居也，我无安心也；非无足财也，我无足心也'。

我：您这句话该如何解释呢？

墨子：这句话的意思就是：我曾听说："我不是没有安定的住处，而是自己没有安定之心；不是没有丰足的财产，而是怀着无法满足的心。"

我：您的意思是说：人世间最难得的就是拥有一颗平常心，不为虚荣所诱，不为权势所惑，不为金钱所动，不为美色所迷，不为一切的浮华沉沦。

墨子：是的，你说得很对，没有知足则会产生恶，我们每个人都有欲望，但欲望太多了，人生就会变得疲惫不堪。每个人都应学会轻载，当学会知足常乐，因为生命之舟载不动太多的沉重。

【解读】　　　　抛开杂念，逍遥自在

有一个人曾经问慧海禅师："禅师，你可有什么与众不同的地方呀？"

慧海禅师答道："有！"

"那是什么？"这个人问道。

慧海禅师回答："我感觉饿的时候就吃饭，感觉疲倦的时候就睡觉。"

"这算什么与众不同的地方，每个人都是这样的呀，有什么区别呢？"这个人不解地问。

慧海禅师答道："当然是不一样的了！他们吃饭的时候总是想着别的事情，不专心吃饭，他们睡觉的时候也总是做梦，睡不安稳。而我吃饭就是吃饭，什么也不想；我睡觉的时候从来不做梦，所以睡得安稳。这就是我与众不同的地方。"

慧海禅师继续说道："世人很难做到一心一用，他们总是在利害得失中穿梭，囿于浮华宠辱，产生了'种种思量'和'千般妄想'。他们在生命的表层停留不前，这成为他们最大的障碍，他们因此而迷失了自己，丧失了'平常心'。要知道，生命的意义并不是这样，只有将心融入世界，用平常心去感受生命，才能找到生命的真谛。"

在禅宗看来：一个人能明心见性，抛开杂念，将功名利禄看穿，将胜负成败看透，将毁誉得失看破，就能达到时时无碍，处处自在的境界，从而进入平常的世界。把一切看为身外之物，才会无牵无挂，逍遥自在。

有一位禁欲苦行的修道者，准备离开他所住的村庄，到无人居住的山中去隐居修行，他只带了一块布当作衣服，就一个人到山中居住了。

后来他想到当他要洗衣服的时候，他需要另外一块布来替换，于是他就下山到村庄中，向村民们乞讨一块布当作衣服。村民们都知道他是虔诚的修道者，于是毫不考虑地就给了他一块布，当作换洗穿的衣服。

当这位修道者回到山中之后，他发觉在他居住的茅屋里面有一只老鼠，常常会在他专心打坐的时候来咬他那件准备换洗的衣服，他早就发誓一生遵守不杀生的戒律，因此他不愿意去伤害那只老鼠，但是他又没有办法赶走那只老鼠，所以他回到村庄中，向村民要一只猫来饲养。

得到了一只猫之后，他又想了———"猫要吃什么呢？我并不想让猫去吃老鼠，但总不能跟我一样只吃一些水果与野菜吧！"于是他又向村民要了一只乳牛，这样那只猫就可以靠牛奶维生。

但是，在山中居住了一段时间以后，他发觉每天都要花很多的时间来照顾那只母牛，于是他又回到村庄中，他找到了一个可怜流浪汉，于是就带着这无家可归的流浪汉到山中居住，帮他照顾乳牛。

那个流浪汉在山中居住了一段时间之后，他跟修道者抱怨说："我跟你不一样，我需要一个太太，我要正常的家庭生活。"

修道者想一想也是有道理，他不能强迫别人一定要跟他一样，过着禁欲苦行的生活……

这个故事就这样继续演变下去，大家可能也猜到了，到了后来，也许是半年以后，整个村庄都搬到山上。欲望就像是一条锁链，一个牵着一个，永远都不能满足。

身外之物，莫要贪恋

《伊索寓言》中有这样一句话："有些人因为贪婪，想得到更多的东西，却把现在所有的也丢掉了。"一个穷人会缺很多东西，但是，一个贪婪者却是什么都会缺！贫穷的人只要一点东西就可以感到满足，奢侈的人需要很多东西也可满足，但贪婪的人却永远也满足不了。所以贪婪的人总是不知足，他们天天生活在不满足的痛苦中，贪婪者想得到一切，但最终两手空空。

女人的衣柜里永远少一件衣服，男人永远觉得别人的妻子更好。每个人都有欲望，所以人才会生活得累，名誉、地位、金钱、情感……很多时候人们甚至都不知道自己到底想要什么，有了名誉地位了就想要美女金钱，有了洋房还想要名车，漂亮的还想更漂亮，钱多了还想钱更多，心中的沟壑不断地被各种欲望填满，人性的劣根性导致了人们在永不满足的底线上挣扎，尽管很累，却欲罢不能。

人不能有贪念，我们往往会因为贪婪而因小失大。当我们得到不义之财时，怕东窗事发，于是过着紧张不安的生活，唯恐被人发现，那又何苦呢？得到了一些钱，却增添了无限的内心压力。大部分人都是这样，因为一点小利，却增加了长时间的压力和压迫，白天心神不宁，晚上噩梦连连，真是不值得。

其实，我们每一个人所拥有的财物，无论是房子、车子……无论是有形的，还是无形的，没有一样是属于自己的。那些东西不过是暂时寄托于我们，有的让我们暂时使用，有的让我们暂时保管而已，到了最后，物归何主，都未可知，所以智者把这些财富统统视为身外之物。

卡耐基曾说："要是我们得不到我们希望的东西，最好不要让忧虑和悔恨来苦恼我们的生活。且让我们原谅自己，学得豁达一点。"古希腊哲学家艾皮科蒂塔认为，哲学的精华就是：一个人生活上的快乐，应该来自尽可能减少对外来事物的依赖。罗马政治学家及哲学家塞尼加也说："如果你一直觉得不满，那么即使你拥有了整个世界，也会觉得伤心。"且让我们记住，即使我们拥有整个世界，我们一天也只能吃三餐，一次也只能睡一张床，即使是一个挖水沟的工人也可如此享受，而且他们可能比洛克菲勒吃得更津津有味，睡得更安稳。

卡耐基

《圣经》上说：如果你得到的是整个世界，而丧失了自我的生命，那么，你也得不偿失。因贪婪得来的东西，永远是人生的累赘。贪婪轻则让人丧失生活的乐趣，重则误了身家性命。生活的压力越来越大，脸上的笑容越来越少，这或许便是贪婪的代价。"身外之物，莫要贪恋"，这是思悟后的清醒。做到了这一点，我们一定会平安快乐，奢望太多只会成为你生命的负累。

人 生 智 慧

◇用平常心去感受生命，才能找到生命的真谛。

◇把一切看为身外之物，才会无牵无挂，逍遥自在。

◇奢望太多只会成为你生命的负累。

保护生态，节约资源

【聊天实录】

我：墨老先生，您对保护生态有何高见？

墨子：我曾在《墨子》中提到：凡足以奉给民用则止。诸加费不加于民利者，圣王弗为。

我：您这句话该如何解释呢？

墨子：这句话的意思就是：所有这些生产，能够供给民用就可以了。各种只增加费用而不能增加民众实际利益的事情，圣王绝对不去做。

我：您的意思是说：我们只有一个地球，并且地球是最适合人类生存的。地球是我们的家园，是我们人类的母亲，是我们生命的摇篮，是我们赖以生存的家，我们每人都有责任来保护她。

墨子：是的，你说得很对，人们要保护环境和生态问题。

【解读】 天人合一，保护生态

　　天人合一的观念在传统社会根深蒂固，这种观念会转化为人们爱护自然、保护自然、善待自然万物的意识和行动。如孔子主张"钓而不网，弋不射宿"（《论语·述而》），其基本道理即在于不能把鱼和鸟捕光。孟子也说："不违农时，谷不可胜食也；数罟不入夸池，鱼鳖不可胜食也；斧斤以时入山林，材木不可胜用也。"（《孟子·梁惠王上》）用现在的话说，就是不要滥采滥伐，坚持可持续发展的原则。不能只顾短期利益而破坏生态链环的平衡，这是有识之士的共识："群生以长，万物蓉殖……不涸泽而渔，不焚林而猎。"（《文子》）古人还把对生态保护的认识提升到防灾减灾的高度，如《汉书·贡禹传》中说："斩伐林木亡有时禁，水旱之灾未必不由此也。"

　　当然，在保护生态方面，墨子也不落后。墨子对经济发展问题的看法有着自己的价值观和判断标准，关于"节用"的问题他提出了两个基本原则，一是，物品的生产应以"足以奉给民用"为原则，即应只生产满足"民用"的物品；二是，消费应以是否对人民有利作为原则来加以考量，即对人民有利的花费才是合理的。

　　墨子提出的上述两个原则，对于我们当今社会的商品生产和经济发展都具有重要的借鉴意义。首先，墨子强调生产和消费都应有一个"限度"的问题，也就是说生产和消费都应适可而止，生产应以能够满足"民用"为限度，只要能满足"民用"就可以了，消费更应有节制和限度，既不应盲目地追求生产率，更不可过度地浪费资财。如果片面强调经济的高速发展乃至以牺牲生态环境为代价，或以一种"杀鸡取卵"、"竭泽而渔"的毫无限制的方式过度开采自然资源甚至浪费资财，只会造成灾难性的严重后果而贻害无穷，我们党和政府之所以提出"可持续发展"战略和"科学发展观"正是基于这样的考虑。

　　其次，就生产和消费的价值归宿问题而言，对墨子来讲，无论是生产还是消费，都应以是否符合人民的根本利益作为评判其合理性的标准，墨子的这一以"民用"、"民利"为本位的生产和消费观也是值得我们借鉴的，今天我们所谓的"以人为本"，说到底也就是应以民生、民用或民利为本。

近几年人们已经越来越意识到环境的重要性了，无论在电视、广播里、报纸上经常会见到关于环境保护的话题，也经常会见到由于环境破坏给人们带来的自然灾害，所以作为地球村的公民，我们有责任有义务从小事做起，从身边事做起，从节约一滴水开始，来保护我们的环境，保护我们的家。

保护环境，节约资源

古代环境保护的规定与法令往往以礼、律、禁令、诏令等形式出现。据文献记载，早在夏朝便有这样的规定："春三月，山林不登斧，以成草木之长；夏三月，川泽不入网罟，以成鱼鳖之长。"（《逸周书·大聚》）这就是著名的"禹禁"，被称为中国最早的生态环保法律。

其实，中国古代对生态环保的重视，不仅表现在观念层面、法律层面，而且有其机构设置。历史上许多朝代都设立有虞、衡等"环保"机构，所谓山虞、泽虞、川衡、林衡等，其职责主要就是负责山泽林川的管理保护。

《史记·殷本纪》中记载了这样一个故事：夏朝时商国首领汤在野外看见有人一边四面张网一边祈祷："天下四方的鸟啊，都到我的网里来吧！"汤说："你是要把天下的鸟兽都打尽吗？"于是让那人撤下了一面的网，这就是成语"网开一面"的来历。

《国语·鲁语》也记载了一个类似的故事：鲁宣公夏天在泗水撒网捕鱼，大臣里革听说后跑过去撕破了他的渔网，理由是：根据祖先规定的制度，每年夏天鱼类生长季节，不能到河里捕鱼，这就是"里革断罟"的故事。

春耕夏耘不误农时，才能五谷丰登；鱼鳖虾蟹定期捕捞，才能水产丰饶；树木长养砍伐有时，才能山林茂盛。在中国古代，保护生态环境，反对"焚林而田，竭泽而渔"（《淮南子·本经训》），这不仅是一种思想意识，而且是人们自觉的行为，更是一项国策，还是一种法律规定，上面两个故事都证实了这一点。

湖北云梦古墓出土的竹简中，有一份秦代的《田律》，内容包括：从春季二月开始，不准进山砍伐木材，不准堵塞林间水道：不到夏季，不准进山采樵、烧草木灰，不准捕捉幼兽幼乌或掏鸟蛋，不准用药物毒杀鱼鳖，不准布陷阱设罗网猎取乌兽，以上禁令到七月份方可解除。无疑，这已经是一部相当完整的生态环境保护法了。

另外，考古专家在敦煌悬泉置遗址发现了一篇十分珍贵的汉平帝元始五年颁布的《四时月令诏条》，50 条诏令中关于生态保护的有 16 条。例如，空鸟巢秋季开禁，实鸟巢则整年都要禁止；2—12 月禁取不足四寸长的鱼，2—4 月禁焚山林，等等，这些规定体现了适时保护、用养结合的原则。以后历代也都有类似的规定，对耕种、打猎、捕鱼、伐木、孕育、放牧以及取火、烧炭都有明确的季节和月份限制，有效地指导了生产和生活。这些规定作为国家法律，具有强制性，是需要大家普遍遵守的。

人 生 智 慧

◇钓而不网，弋不射宿。

◇斩伐林木亡有时禁，水旱之灾未必不由此也。

◇所谓的"以人为本"，说到底也就是应以民生、民用或民利为本。

厚葬陋俗，害人不浅

【聊天实录】

我：墨老先生，您对厚葬有何高见？

墨子：我曾在《墨子·节葬》中提到：细计厚葬，为多埋赋之财者也；计久丧，为久禁从事者也。财以成者，扶而埋之；后得生者，而久禁之。以此求富，此譬犹禁耕而求获也，富之说无可得焉。

我：您这句话该如何解释呢？

墨子：这句话的意思就是：算厚葬之事，实在是大量埋掉钱财；计算长久服丧之事，实在是长久禁止人们去做事。财产已形成了的，掩在棺材里埋掉了；丧后应当生产的，又被长时间禁止。用这种做法去追求财富，就好像禁止耕田而想求收获一样。

我：您的意思是说：人难免有一死，或重于泰山，或轻于鸿毛。但无论是泰山或是鸿毛，死后却都一样，都是化作一股轻烟，一堆白骨。人来自于自然，又回归于自然，这是自然的法则。

墨子：是的，你说得很对，实行厚葬，居丧时间长，做几层的套棺，做很多衣服、被子，送殡像搬家一样；三年服丧期内哭哭啼啼，别人扶着才能站起来，拄了拐杖才能行走，耳朵听不见声音，眼睛看不见东西，这足以丧亡天下。

【解读】　　　　　　**丧葬与人道**

《墨子·节葬》中有语：哭泣不秩，声翁，缞绖垂涕，处倚庐，寝苫枕块；又相率强不食而为饥，薄衣而为寒。使面目陷陬，颜色黧黑，耳目不聪明，手足不劲强，不可用也。

哭泣无时，不相更代，披缞系绖，垂下眼泪，住在（守丧期所住的）倚庐中，睡在草垫上，枕着土块。又竞相强忍着不吃而任自己饥饿，衣服穿得单薄而任自己寒冷。使自己面目干瘦，颜色黝黑，耳朵不聪敏，眼睛不明亮，手足不强劲，（因之）不能做事情。

人死了，哀婉痛惜，人之常情。祭奠以作永远的告别，居丧以告慰逝者的英魂，活着的人能从这些仪式中感受到人世的温暖和亲情。

丧葬的本义是人道，但具体的丧葬行为，却与人道相悖甚远。

古时，王公大人办理丧葬，必定是大棺套中棺，皮革裹三层，随葬的璧玉准备好，加上戈剑鼎鼓壶大盆，刺绣衣服和白练，车马的璎珞上万件，车马女乐也都准备齐全，还必定要除清墓道，修建的陵墓比山陵还要高。

如此巨额的财富是从何而来？自然是用百姓的血汗换来的，就这样轻易地埋到地下，更加剧了百姓生活的贫困。

现代人不以古人为鉴，并做出一些错上加错的蠢事。有权的迫令职员下属为自己过世的亲人披麻戴孝，有钱的大肆修陵凿墓，不知用这些钱来为社会多行善事，这足令人深省。

古时候居丧的方式，更无人道可言。

无论是否真的哀痛，也无论是否心甘情愿，都必须按既定的程式行事：哭泣不分昼夜以致声咽，披麻戴孝痛哭流涕，守在墓旁边的茅屋里，睡在茅草上并枕在土块上，还要相互强制着不进食而挨饿，少穿衣服而受冻，弄得脸色又黑又黄，消瘦不堪，耳朵听不清，眼睛看不明，手脚无力，不听使唤。

可见，凡属与人道相悖的丧葬，都该废止。

厚葬陋俗，害人不浅

按照丧礼，国君、父母、妻子、长子死了，要服丧三年；伯父、叔父、兄弟死了，要服丧一年；族人死了，要服丧五个月；姑、姊、舅、甥死了，都有几个月的丧期，这些都是应该废止的。

但有些人却不信这个，偏偏要与自然规律较劲儿，总想弄个长生不老、不死之类的，所以中国古代炼丹术特别发达，寻求长生不老的人也特别多。实在抗不过死，怎么办？那就搞厚葬，活着用不尽了，死了也要带着走。

仔细想来，这些人在世时并没好好地生活过，一心想的是死后怎么办，该住什么样的房子，穿什么样的衣服，睡什么样的棺材，如何使那一堆臭肉十年百年不烂，等等。于是，年纪轻轻就为自己修墓穴，把金银财宝大批大批地往土里面埋，把自己的家奴、仆人杀掉陪葬。

这些人活着总在想死，死后还害人。

这些人能是吃不饱、穿不暖，上无片瓦、下无寸土的贫苦百姓吗？

厚葬之风，一害自己，二害他人，实不该有。

鼓吹厚葬的人，要么是权欲熏天，要么是财迷心窍，腐化堕落；要么是讨王公大人的欢心，捞几个赏钱，反正没一个是心理正常的人。

这最后一类比前两类更为可恶，自己并不富有，却鼓吹厚葬，很有些在富人面前摇尾巴的味道。对广大贫苦百姓来说，则又是一种麻痹和腐蚀，让穷人放松警惕，以为富人的荒唐有理，以为富人的举动值得羡慕，跟着眼馋跟着心热。然而厚葬居然能成为一种风俗和潮流，可见流毒之深。近代以来，文物出土不时爆出轰动性消息，不少人为发现了一座又一座古墓而奔走相告，这实是中国人的悲哀。在一具具殉葬的幼童骨骸面前，我们还高兴得起来吗？

厚葬在近代已不像古代那么盛行，但流毒未曾肃清，因而在某些物质丰富而又精神匮乏的地区，又有死灰复燃之势。

厚葬曾害了我们无数的祖先，难道还能让它继续害我们的后代吗？

早在两千多年前，圣者墨子就对此痛加指责：厚葬在王公大人家中，棺木必定要多层，葬埋必定要深厚，随葬的文绣必定要繁富，坟墓必定要造得高大；这种情况在匹夫贱民家里也存在，他们竭尽全力不惜倾家荡产；在诸侯豪族家中，死人身上装饰着金玉珠宝，裹束着丝绸绶带，并把车子、马匹埋葬在墓穴里，还要多多制造帷幕帐幔、钟鼎和鼓、几筵、酒壶镜鉴、戈矛宝剑、羽旄旗帜、象牙皮革，将这些东西放到死者寝宫一起埋掉，内心才满足。至于生者陪死者而葬，天子、诸侯死了杀掉的殉葬者，多的几百，少的几十；将军、大夫死了杀掉的殉葬者，多的几十，少的也有好几人。若此风盛行，国家必定贫穷，人民必定减少，刑法政事必定紊乱，生命将在这样血腥的习俗中变得灰暗无光。

> **人生智慧**
>
> ◇人死了，哀婉痛惜，人之常情。
>
> ◇凡属与人道相悖的丧葬，都该废止。
>
> ◇厚葬曾害了我们无数的祖先，难道还能让它继续害我们的后代吗？

第八章

墨子与我聊竞争智慧

　　"国有贤良之士众，则国家之治厚；贤良之事寡，则国家之治薄。"墨子告诉大家，国家拥有的贤良之士多，国家就治理得好；国家拥有的贤良之士少，国家就治理得差。大到国家的富强和发展，小到一个组织或团体的兴旺发达，人才在其中都无疑发挥着至关重要的决定性作用，是竞争取胜的法宝或关键性因素。

谨慎处世，君子之为

【聊天实录】

我：墨老先生，您对谨慎处世有何高见？

墨子：我曾在《墨子·大取》中提到：今士之用身，不若商人之用一布之慎也。

我：您这句话该如何解释呢？

墨子：这句话的意思就是：现在士以身处世，不如商人使用一钱慎重。

我：您的意思是说：在生活有各种各样的人，有小人有君子，君子是坦荡荡，但小人却是琢磨人的专家，与小人相处，我们就要谨慎了，惹不起，躲还是可以的。

墨子：是的，你说得很对，为人处事一定要谨慎。

【解读】 为人处事，小心谨慎

生活在我们身边的人无非两种：君子和小人。小人的眼睛牢牢地盯着周围的大小利益，随时准备占点便宜，为此甚至不惜一切代价准备用各种手段来算计别人，真是让人防不胜防，因此对付小人没有一套办法是不行的。

唐朝时，有个李林甫，他是唐玄宗手下常伴随其身边的一个奸臣，心胸极端狭窄，容不得别人得到唐玄宗的宠爱。唐玄宗有个喜好，他比较喜欢外表漂亮、一表人才、器宇轩昂的武将。有一天，唐玄宗在李林甫的陪同下正在花园里散步，远远看见一个相貌堂堂、身材魁梧的武将走过去，便感叹了一句："这位将军真漂亮！"并随口问身边的李林甫那位将军是谁，李林甫支吾着说不知道。此时他心里很慌张，生怕唐玄宗喜欢上那位将军。事后，李林甫暗地里指使人把那位受到唐玄宗赞扬了一句的将军调到了一个非常偏远的地方，使他再也没有机会接触到唐玄宗，当然也就永远丧失了升迁的机会。从这里也可以看出：小人的行为真是让人莫名其妙，其心眼极小，为一点小荣辱都会不惜一切，干出损人利己的事来。所以防小人是我们必须学会的本领，即使我们不屑于与小人为伍，我们也不得不防，以减少不必要的麻烦。

唐朝天宝年间，暴发安史之乱。郭子仪率兵平安天下，立了大功，但他并不居功自傲，为防小人嫉妒，他格外小心。一次，朝中有一个地位比自己低的官吏要来拜访郭子仪，郭子仪事先做了周密安排，因家中侍女成群，他让所行的侍女到时候都避开，不要露面。郭子仪的夫人对此举感到不理解，问丈夫为什么这么做？郭子仪告诉夫人说，这个官吏是个十足的小人，身高不足五尺，相貌奇丑，很忌讳别人说他丑。郭子仪担心家人见了这个人会发笑，因而让所有家人都躲起来。郭子仪对这个官僚太了解了，在与他打交道时做到小心谨慎。后来，这个小人当了宰相，极尽报复之能事，把所有以前得罪过他的人统统陷害掉，唯独对郭子仪比较尊重，没有动他一根毫毛，这件事充分反映了郭子仪对待小人的办法既周密又老练。

小人之刁钻，几乎无孔不入。有些小人竟也勇敢得很，不惜牺牲他自己的生命、亲人的生命，或"第二生命"，而与我们周旋到底，正所谓舍命陪君子。这时候，就算我们有理，也最好避一避此等不要命的小人。小人固然厉害，但我们并不怕他，避开小人是因为我们不值得把太多的精力浪费在一些没有价值的争斗上。一旦把握不好自己的行为界限，得罪小人，他就会想方设法来琢磨我们，破坏我们的正事，分散我们的精力，使我们不能安心于工作、学习和生活。

小人不遗余力地陷害别人，就是避免别人胜过自己，谋求心理上的平衡。掌握了小人的这种心理需求，我们不妨投其所好，让小人的心里舒服一些，他们就会把眼光从我行身上收回，转向别处了。

老祖宗告诉我们：为人处世，宁可得罪君子，也别得罪小人。小人的一个手段，足以打乱我们一生的生活，因此，万不可小看小人。君子之流，不肯与小人为伍，但"防"、"躲"却不失为一种选择。

谨慎行事，成就自己

谨慎是一种生活的态度和倾向，持有此种态度的人，会对事物做整体的、细节性的考虑，小心评估利弊得失，并且反复思量自己的决定和行动所造成的结果，他（她）们经常是深思熟虑的，注重长期、实质的结果，远超过短期、表面的利益。谨慎往往给我们带来利益，是做人的优秀品质，但是如果过于谨慎，则往往会丧失机会。

怎样才能做到"谨慎"呢？

做事三思后行，思考问题从不同角度出发考虑，深入、仔细思考问题，反复核实，查找资料，咨询专家，确实无误再进行。

放下利益，放松心态。

必须考虑后果。

急则无智，不要急忙处理事情。

如果可能引起问题，要申请领导指示，否则推迟进行。

怎样谨慎讲话：多多观察生活，看看别人是怎样说话的；说话前想一想，没事模拟一下某个场景，然后思考一下其中所用的话。

李嘉诚三岁时，家道中落，后来父亲得了重病，不久离开人世，刚上了几个月中学的李嘉诚就此失学。在兵荒马乱的年月，李家孤儿寡母生活艰难，李嘉诚是家中长子，不能不帮母亲承担家庭生活的重担。一位茶楼老板看他们可怜，收留16岁的小嘉诚在茶馆里当烫茶的跑堂。茶楼天不亮就要开门，到午夜还不能休息，小嘉诚也抱怨过自己命不好，甚至希望哪天日本鬼子的枪走火，把他打死算了。直到一次偶发事件，才使他不再自怨自艾。

那天，因为太疲倦，他当班时一不小心把开水洒在地上，溅湿了客人的衣裤。李嘉诚很紧张，他等待着客人的巴掌、老板的训斥。但让他没想到的是，那位客人并没有责怪他的意思，反而为他开脱，一再为他说情，让老板不要开除他。"没关系的，我看这孩子挺有出息的，只是以后要记住，做什么事都必须谨慎，不集中精力怎么行呢？"

李嘉诚

李嘉诚把这些话记在了心间，之后，他把"谨慎"当成了自己的人生信条。久而久之，竟使他练出了一种眼光，一个人是什么职业，性格特征、生活习惯、为人处事，一见面就能猜个八九不离十，这一切对他后来的事业起到了很大作用。后来，李嘉诚辞掉跑堂的工作，从塑胶厂推销员开始，一直干到了业务经理。三年后，20岁的他做好了准备，要大干一番。白手起家的他，在维多利亚港附近的一条小溪旁，租了一间灰暗的小厂房，买了一台老掉牙的压塑机，办起了"长江塑胶厂"。随后，经过反复考察，他认为塑胶花市场需求很大，于是大量生产，这为他带来了可观收入。30岁的李嘉诚，已成了千万富翁。正在塑胶花畅销全球时，李嘉诚却敏锐意识到，越来越多的人拥入这个行业，"好日子很快会过去"，如果再不调整，引起的后果不只是"溅湿衣裤"了。有人认为他太保守了，但他认为这是经商中必须具备的素质，那就是谨慎和预见性。随后他找到的是房地产。20世纪60年中期，内地的局势令香港社会人心惶惶，富翁们纷纷逃离，争着廉价抛售产业。李嘉诚正在建筑中的楼房也被迫停工，如果按当时的地产价格来算，他简直可说是全军覆没了。但他沉着应变，仔细分析局势，认为内地肯定会恢复安定，香港将进一步繁荣发展。在别人大量抛售房地产时，李嘉诚却反其道行之，将所有资金都来收购房地产。朋友们纷纷劝他不要做傻事，他说："我看准了不会亏本才敢买，男子汉大丈夫还怕风险？"

李嘉诚又一次成功了。70年代初，香港房地产价格开始回升，他从中获得了双倍的利润。到1976年，李嘉诚公司的净产值达到5个多亿，成为香港最大的华资房地产实业。此后，李嘉诚节节高升，1992年的《福布斯》世界富豪排名中，他以38亿美元的个人财产列第35位，成为全球华人中的首富。

人 生 智 慧

◇为人处事一定要谨慎。

◇为人处世，宁可得罪君子，也别得罪小人。

◇谨慎是一种生活的态度和倾向。

钓者之恭，非是为鱼

【聊天实录】

我：墨老先生，您对钓者之恭非为鱼有何高见？

墨子：我曾在《墨子·鲁问》中提到：钓者之恭，非为鱼赐也；饵鼠以虫，非爱之也。

我：您这句话该如何解释呢？

墨子：这句话的意思就是：钓鱼人躬着身子，并不是对鱼表示恭敬；用虫子作为捕鼠的诱饵，并不是喜爱老鼠。

我：您的意思是说：钓鱼者躬着身子钓鱼，并不是对鱼表示恭顺；捕鼠者以内饵引诱老鼠，也不是对老鼠有所偏爱，恭顺与赐饵的背后都隐藏着捕杀的动机。每一种行为表面的背后，都深深地隐藏着不以示人的本质。只有将其表面行为、内心的动机和最终的效果结合考察，不为表面现象所迷惑，才能做到省察事物的本质。

墨子：是的，你说得很对，合其志功而观焉。

【解读】　　　　项庄舞剑，意在沛公

刘邦与项羽分两路进攻咸阳（秦始皇的都城），楚怀王曾与他们约定"先入定关中者，王之"。刘邦先破咸阳。

他二人乃同受楚怀王封爵，一者引兵北上救赵，一者率部西行略地入秦，刘邦在剪除西进中重重阻碍之后，终得"先诸侯至霸上"，在轵道旁受"秦王子婴素车白马，系颈以组，封皇帝玺符节"之降，并且拒关自守，打算自王关中。而项羽呢，他在杀掉卿子冠军之后，破釜沉舟，以非凡的勇猛果敢，大破秦军，解了钜鹿之围，使"诸侯军无不人人惴恐"。在召见诸侯将时，"入辕门，无不膝行而前，莫敢仰视。"项羽由是始

项羽

为诸侯上将军，诸侯都成为他的臣属。不久他又收降了章邯，击坑秦卒二十余万，西行略定秦地，真是声威赫赫，天下莫不震服了。就在此际，他却见到函谷关有兵，又闻沛公已破咸阳，他按捺不住自己胸中怒火了！于是在破关直入驻军鸿门时，誓要击破刘邦。

一场恶战在即，刘邦论兵力远不如项羽。他从项羽的季父项伯口中得知此事后，大吃一惊，极力拉拢项羽的季父项伯，并约为亲家。项伯同意为之在项羽面前说情，并让刘邦次日前来谢项羽。鸿门宴上，不乏美酒佳肴，但却暗藏杀机，项羽的亚父范增一直主张杀掉刘邦，在酒宴上，一再示意项羽发令，但项羽却犹豫不决，默然不应。范增召项庄舞剑为酒宴助兴，趁机杀掉刘邦，项伯为保护刘邦，也拔剑起舞，掩护了刘邦，在危急关头，刘邦部下樊哙带剑拥盾闯入军门，怒目直视项羽，项羽爱此人之才，便问来者为何人，当得知为刘邦的参乘时，即命赐酒，樊哙立而饮之。又说了很多刘邦的好话。项羽无话可说，刘邦趁机一走了之。张良等人上前给项羽献上白璧一双。项羽收下了。又给范增玉斗一双，气得范增拔剑将玉斗砍碎。

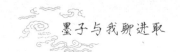

后人把"项庄舞剑，意在沛公"比喻说话和行动的真实意图别有所指。我们今天所说的钓者之恭非为鱼，和项庄舞剑意在沛公是一样的意思，就是说做一件事情，不要只看表面，眼睛所看到的也不一定是真实的。

公众承认，荣誉得之

在中国人崇尚谦逊礼让的传统氛围中，急功近利，则往往欲速不达。相反，表现得淡泊名利，名声反而越大，获取权力地位的可能就越大。因此世人常为追逐权力而用各种假象来伪装自己，以达到不可告人的目的。例如隋朝的亡国昏君隋炀帝杨广，为了争当太子，就很会"矫饰"自己。

荣誉有虚实之分，有些人的荣誉不是通过自己的努力得来的，而是通过投机取巧，蒙混过关，得一虚名，招摇过市，终有一日这种虚名就会被人戳穿而狼狈不堪。现在还有一种人是靠着手中的权势自封荣誉光圈，什么先进工作者、什么模范等，现在都成了机关单位某些领导的专用称号，所有的光环都要套在自己的脖子上，这样才像个人物。比如成克杰、胡长清等都是各种荣誉的获得者和享受者，但是终究成为人民的千古罪人，戴在他们脖子上的荣誉光环，最后成了他们罪行的枷锁。

荣誉是一个人在生活中的价值得到公众的承认，是社会根据他的贡献馈赠给他的，不是你可以伸手要到的，明白了这个道理，你才能够最终获得荣誉。

赫尔墨斯是古希腊神话中天神宙斯的儿子，是专管天下商业的神灵，就像中国的财神爷一样，他想考证一下他自己在人间百姓中的地位有多高，就来到人间。一天，他化装成顾客来到一家雕刻店，指着宙斯的头像，问店主："这个值多少钱？"店主告诉他值七赫拉，他又走到自己的头像前，问道："这个值多少钱！"店主指着宙斯的像说："假如你买那个，这个就算是添头，不要钱，白送。"赫尔墨斯本来想听听人们对他的赞赏，想了解一下自己在人间的地位有多高，也就是想知道他的荣誉怎么样，没想到吃了一鼻子灰，讨了个没趣，只好灰溜溜地走了。

还有一些人，为了追求名利荣誉，不顾自己的死活，玩命地奋斗，不分白天和黑夜，最后虽然获得了自己想要的名利荣誉，但是自己生命也耗完了，这实在是得不偿失。

为了追求虚幻的东西而失去了实在的生命，这对每一个人来说都是不可取的。实实在在地生活，该做什么事就做什么事，不要为了一个虚名而活，也不要强求人家怎么看我们，只要我们做出了自己的贡献，只要我们活得有价值，对别人有好处，自然就会获得一定的荣誉。如果为了荣誉而活，那我们就会感到活得很累，活得失去了自己，活得没有了快乐，所以，人的荣誉和名利不可以强求。名誉毕竟是人的身外之物，虽然很重要，但是，人的生命更重要，为了追求身外之物的名誉，而影响、损害甚至送掉性命，就是舍本逐末。

我们社会上有很多先进人物，他们常常在这种名誉下，生活得很苦很累，失去了常人生活的乐趣，总是想着自己的一言一行、一举一动都要符合自己的身份，这就像给自己戴上了名誉的枷锁，失去了生活的自由，也失去了生命的本真。

不为虚名所累，就是一切以人为本，该怎么做就怎么做，该追求自己的人生目标，就不要被眼前的花环、桂冠挡住了前面的道路，我们应该毫不犹豫地拨开这一切身外之物，走自己的路，干自己的事，不因小成就而妨碍自己的大成功，这样，才能使我们获得真正的荣誉。

人生智慧

◇钓者之恭，非为鱼赐也；饵鼠以虫，非爱之也。

◇世人常为追逐权力而用各种假象来伪装自己，以达到不可告人的目的。

◇拨开这一切身外之物，走自己的路，干自己的事。

名利害人，懂得放弃

【聊天实录】

我：墨老先生，您对放弃名利有何高见？

墨子：我曾在《墨子·非命中》中提到：昔上世暴王，不忍其耳目之淫，心涂之辟，不顺其亲戚，遂以亡失国家，倾覆社稷。

我：您这句话该如何解释呢？

墨子：这句话的意思就是：古时前代的暴君，不能忍住耳目的贪婪，心里的邪僻，不听从他的双亲，以至于国家灭亡，社稷绝灭。

我：您的意思是说：在生活强迫我们必须付出惨痛的代价以前，主动放弃局部利益而保全整体利益是最明智的选择。

墨子：是的，你说得很对，两弊相权取其轻，两利相权取其重。

【解读】　　　　名利使人互相残害

齐国打算攻打鲁国，墨子对齐将项子牛说："攻打鲁国，是齐国的大错。从前是吴王夫差向东攻打越国，把越王勾践围困在会稽；向西攻伐楚国，楚人被迫保护楚昭王逃往随国；向北讨伐齐国，俘虏齐将国书，并把他押回吴国。结果诸侯们来报仇，百姓因疲惫不堪而不肯效力，因而国家灭亡了，吴王自己也被杀死了。从前，晋国的智伯攻打范氏、中行氏，兼并了他们两家的土地，结果引来诸侯报仇，百姓也因过于劳苦而不肯听命，因而国破家亡，自己也遭杀身之祸。所以大国攻打小国，是相互残害，灾祸必反过来殃及本国。"

墨子"非攻"的主题就是反对大国对小国的侵略，谴责大欺小、强凌弱的暴行。为了制止这种非正义的战争，墨子站在大国的角度上，从两个方面讲述了侵略他人、灾祸必将反及于己的道理。首先，大国攻打小国，不仅耗尽了本国的资财，民众也因不停地征战而疲惫不堪，怨言四起，这样就将失掉民心，虽然兼并了大批土地，也不能保有。其次，不停地攻伐他国来扩张自己的势力，必将引起天下诸侯的恐惧与愤恨。"唇亡齿寒"的道理是人所共知的，所以天下诸侯一定会群起而攻之，这样国破身亡的结局就自然不可避免了。

可惜在名与利的诱惑下，能清楚地认识这个道理的人并不多见。

有的人为了名和利铤而走险，最终身败名裂，有的人是为了名和利什么事情都敢做。

人生就是一个名利场，时时处处充斥着各种诱惑，但又不只是一个名利场，每个人都应该想到在世上留下些什么，而不是他自己得到了什么。做人不应"享一时之寂寞，取万古之凄凉"，追名逐利时，奉劝诸君少些贪欲，多些知足，莫为名利遮望眼。

唐朝诗人宋之问，有一外甥叫刘希夷，很有才华，是一个年轻有为的诗人。一日，刘希夷写了一首诗《代白头吟》，到宋之问家中请舅舅指点。当刘希夷诵到"古人无复洛阳东，今人还对落花风。年年岁岁花相似，岁岁年年人不同"时，宋之问情不自禁连连称好，忙问此诗可曾给他人看过，刘希夷告诉他刚刚写完，还不曾给人看。宋遂道："你这诗中'年年岁岁花相似，岁岁年年人不同'二句，着实令人喜爱，若他人不曾看过，让与我吧。"刘希夷道："此二句乃我诗中之眼，若去之，全诗无味，万万不可。"

晚上，宋之问睡不着觉，翻来覆去只是念这两句诗，心中暗想，此诗一面世，便是千古绝唱，名扬天下，一定要据为己有。于是起了歹意，命手下人将刘希夷害死。后来，宋之问获罪，先被流放到钦州，又被皇上勒令自杀，天下文人闻之，无不称快！刘禹锡说："宋之问该死，这是天之报应。"

在中世纪的意大利，有一个叫塔尔达利亚的数学家，在国内的数学擂台赛上享有"不可战胜者"的盛誉，他经过自己的苦心钻研，找到了三次方程式的新解法。

这时，有个叫卡尔丹诺的人找到了他，声称自己有千万项发明，只有三次方程式对他是不解之谜，并为此而痛苦不堪。善良的塔尔达利亚顿生同情之心，把自己的新发现毫无保留地告诉了他。谁知，几天后，卡尔丹诺以自己的名义发表了一篇论文，阐述了三次方程的新解法，将成果据为己有，他的做法虽然在相当一个时期里欺瞒了人们，但真相终究还是大白于天下。现在，卡尔丹诺的名字在数学史上已经成了科学骗子的代名词。

宋之问、卡尔丹诺等也并非无能之辈，他们在各自的领域里也是很有建树的人。就宋之问来说，纵不夺刘希夷之诗，也已然名扬天下。糟糕的是，人心不足，欲无止境！俗话说，钱迷心窍，岂不知出名之事也能迷住心窍，一旦被迷，就会使原来还有一些才华的"聪明人"变得糊里糊涂，使原来还很清高的文化人变得既不"清"也不"高"，做起连咱们老百姓都不齿的肮脏事情，美名变成恶名。

客观地说，求名并非坏事。一个人有名誉感就有了进取的动力，有名誉感的人同时也有羞耻感，不想玷污自己的名声。但是，什么事都不能过分追求，若过分追求，又不能一时获取，求名心太切，有时就容易生邪念，走歪门，结果名誉没求来，反倒遗臭万年。君子求善名，走善道，行善事。小人求虚名，弃君子之道，做小人勾当。古今中外，为求虚名不择手段，最终身败名裂的例子很多，引人深思；有的人已小有名气，还想名声大振，于是邪念膨胀，连原有的名气也遭人怀疑，何其可悲。

懂得放弃，洒脱生活

在欧洲，有一首流传很广的格言：为了得到一根铁钉，我们失去了一块马蹄；为了得到一块马蹄铁，我们失去了一匹骏马；为了得到一匹骏马，我们失去一名骑手；为了得到一名骑手，我们失却了一场战争的胜利。为了一根铁钉而输掉一场战争，这正是不懂得及早放弃的恶果。

生活中，常有不好的境遇会不期而至，搞得我们猝不及防，这时我们更要学会放弃。放弃焦躁性急的心理，安然地等待生活的转机，让自己对生活对人生有一种超然的关照，即使暂时达不到这种境界，我们也要在学会放弃中，争取活得洒脱一些。

在人生的旅途中，需要我们放弃的东西很多。古人云，鱼和熊掌不可兼得。如果不是我们应该拥有的，我们就要学会放弃。几十年的人生旅途，会有山山水水，风风雨雨，有所得也必然有所失，只有学会了放弃，我们才拥有一份成熟，才会活得更加充实，坦然和轻松。

比如大学毕业分手的那一刻，当同窗数载的朋友紧握双手，互相轻声说保重的时候，每个人都止不住泪流满面……放弃一段友谊固然会于心不忍，但每个人毕竟都有各自的旅程，我们又怎能长相厮守呢？固守着一位朋友，只会挡住我们人生旅程的视线，让我们错过一些更为美好的人生山水。学会放弃，我们就有可能拥有更为广阔的友情天空。

放弃一段恋情也是困难的，尤其是放弃一场刻骨铭心的恋情。但是既然那段岁月已悠然遁去，既然那个背景已渐行渐远，又何必要在一个地点苦苦地守望呢？不如冷静地后退一步，学会放弃，一切又会柳暗花明。

放弃也是一种明智。汉代司马相如所著《谏猎书》有云："明者远见于未萌，而智者避危于未形。"

在日常生活中，当我们与人发生矛盾或冲突时，只要不是什么原则问题，我们完全可以放弃争强好胜的心理，甚至甘拜下风，就可能化干戈为玉帛，避免两败俱伤；当我们在家庭生活中发生摩擦时，放弃争执，保持缄默，就可以唤起对方的恻隐之心，使家庭保持和睦温馨。

生命和死亡一直是一个很沉重的话题。

小王第一次面对死亡是在 14 岁，爷爷过世，他第一次感到在生死之间人们真的是无能为力的，生命在那时告诉他的就是人类的渺小和卑微，没有人们能够留住的东西，几十年的生命都留不住，更不要说稍纵即逝的一种感觉。

20 岁那年，无休止地生病，那整整一年的时间，亲情一层一层地把他跟外面隔离。那是一个冬天的夜晚，小王打翻了药瓶，一千多粒的白色药片（维 C）洒满了房间，它们躺在地下对他露出阴冷的笑容，小王跪在冰凉的水泥地上，边拣边哭，那时，他对生命厌倦了，他看见了天堂里的春天。于是，小王吃下了几个月才吃得下的药片后还割了手腕，这是他第二次自杀。

小王在昏迷了两天之后被救了过来，醒来的时候，他看见的是一个洁白的世界和那么多带着泪水的笑脸，很多亲人同学都在小王的身边，那是他第一次看见刚毅的父亲抱着他痛哭，父亲的憔悴，母亲的悲痛欲绝，奶奶的病倒，小王在那一刹那明白了生命其实不是自己一个人的。

活着，是一种责任，对每一个爱他的人来说，活着就是对他们最根本最完整的报答。生命不是我们自己的，我们没有权利选择生也没有权利选择死，那里不仅仅是因为道德良知，最重要的就是要有爱，爱自己，爱别人，这才是生命的意义。

有位心理学家接到一个朋友的电话，她说，累了，真的，真的不想活了，她说，死是一种解脱。是的，死仅仅对去了的人来说是一种解脱，而留下的人呢？我们解脱了，但却带给了他们痛苦，要大于我们生存的痛苦，这是一种极其不负责任的行为。属于我们的苦自己就要承受，无论是生是死，我们都不能把它们加到那些爱我们关心我们的人身上，因为爱毕竟没有错。活着，在我们最不堪的时候，我们只要做到仅仅是活着就够了，死亡只是一种诱惑，它不是牵引，什么都可以放弃，唯有生命不能。

生命是那么的脆弱，战争，疾病，车祸，事故，伤害，每天都有那么多向往阳光和空气的人在无辜地接受死亡，那是一种不得已，而我们能够平安地生活在自己的家园里，享受着家人带来的温暖，还有什么理由放弃生命呢？

生命原本是简单的，很多东西我们要学会放弃，包括死亡。能够放弃就是一种跨越，当你能够放弃一切做到简单从容地活着的时候，你生命里的低谷就过去了。

人 生 智 慧

◇两弊相权取其轻，两利相权取其重。

◇明者远见于未萌，而智者避危于未形。

◇死亡只是一种诱惑，它不是牵引，什么都可以放弃，唯有生命不能。

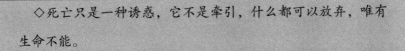

韬光养晦，巧妙避祸

【聊天实录】

我：墨老先生，您对韬光养晦有何高见？

墨子：我曾在《墨子·非攻中》中提到：国家发政，夺民之用，废民之利，若此甚众，然而何为为之？

我：您这句话该如何解释呢？

墨子：这句话的意思就是：国家发动战争，剥夺百姓的财用，荒废百姓的利益，像这样事情很多，然而又为什么还去做呢？

我：您的意思是说：如我们在生活中，无谓的与他人争论一样，与人无休止地争论，这样谁都得不到好处。

墨子：是的，你说得很对，你不可能用辩论击败无知的人。

【解读】 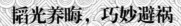 为人处事，韬光养晦

东汉末年，曹操挟天子以令诸侯，势力很大。刘备虽贵为皇叔，却势单力薄，为防曹操谋害，不得不在住处后园种菜，亲自浇灌，以为韬光养晦之计。

一天，刘备正在浇菜，曹操派人请刘备，刘备只得胆战心惊地一同前往入府见曹操。曹操说："刚才看见园内枝头上的梅子青青的，想起以往一件往事，今天见此梅，不可不赏，恰逢煮酒正熟，故邀你到小亭一会。"刘备随曹操来到小亭，

只见已经摆好了各种酒器，盘内放置了青梅，于是就将青梅放在酒樽中煮起酒来了，二人对坐，开怀畅饮。

刘备

酒至半酣，突然阴云密布，大雨将至，曹操大谈龙的品行，又将龙比作当世英雄，问刘备："请你说说当世英雄是谁？"刘备装作胸无大志的样子，说了几个人，都被曹操否定。曹操此时正想打听刘备的心理活动，看他是否想称雄于世，于是说："夫英雄者，胸怀大志，腹有良谋，有包藏宇宙之机，吞吐天下之志者也。"刘备问："谁能当英雄呢？"曹操单刀直入地说："当今天下英雄，只有你和我两个！"刘备一听，吃了一惊，手中拿的筷子，也不知不觉地掉在地上。正巧突然下大雨，雷声大作，刘备灵机一动，从容地地下身拾起筷子，说是因为害怕打雷，才掉了筷子。曹操此时才放心地说："大丈夫也怕雷吗？"刘备说："圣人对迅雷烈风也会失态，我还能不怕吗？"刘备经过这样的掩饰，使曹操认为他是个胸无大志、胆小如鼠的庸人，曹操从此再也不怀疑刘备了。

古今对韬光养晦这么学问最有研究的，当首推刘备。他在曹操面前不夸张、显耀、自大、不把自己算进"英雄"之列，这让曹操很放心。他的种菜，他的数英雄，收敛和掩饰了自己的真实行为，让曹操对其不加防范，从而才有了以后的东山再起，三分天下。

但在现实生活中，还确实存在着这样一种自恃颇高的人，他们锐气旺盛，锋芒毕露，处事则不留余地，待人则咄咄逼人，有十分的才能与聪慧，就十二分地表现出来。他们往往有着充沛的精力，很高的热情，也有一定的才能，但这种人却往往在人生旅途上屡遭波折。

事实上，在错综复杂的社会中，刻意炫耀才能，不仅会招来别人的妒忌，并且会被认为是轻浮。一个有着远大抱负的人，当时机不成熟时，往往会采取韬光养晦的谋略。韬晦是为人处世的一种策略，也是做人处事的一门学问。

低调行事，不与人争辩

有一次唐斌参加朋友的婚礼，席间有一位年轻人在说明新郎与新娘的关系时，用了"青梅竹马"这个成语。他为了夸耀自己的博学，还念出了这首诗："郎骑竹马来，绕床弄青梅。"不过，这位年轻人却搞错了，他所念的这首诗是唐代诗人李白所写的长干行，而他却误以为是宋代女词人李清照所写的诗，可能因为这首诗蕴涵的感情深厚，害得他误以为是出自女性作家之手。

当时唐斌年轻气盛，又认为中国文学是自己的特长，为了夸耀这点，他毫不客气地当着众人的面，纠正那人的错误，可是不说还好，这样一说，那人反倒更加坚持自己的意见了。

就在他们争论不休时，恰巧唐的大学老师坐在隔桌，这位老师是专攻唐代文学的博士，现在任教的课程也都是和诗有关，于是他们就找这位老师评判，各自陈述观点，老师却只是静静地听着，然后在盖着桌布的桌下，用脚轻踢了唐斌一下，态度庄重地对他说着："你错了，那位先生说的才对。"

对此唐斌非常的疑惑，回家就查到了那首诗，准备找老师问个明白。第二天，他在教授研究室里找到老师，还没等他开口，老师就先说了："你昨天说的那首诗是李白的长干行，一点也没错。但我们都是客人，何必在那种场合给人难堪？他并未征求你的意见，只是发表自己的看法，对错根本与你无关，你与他争辩有何益处呢？在社会上工作别忘记这点，永远不和人做无谓的争辩。"

"永远不和人做无谓的争辩。"这句话应该成为我们每个人的座右铭。在辩论结束之后，争论的双方十有八九比原来更坚持自己的论调。其实，争辩是毫无意义的。因为假如我们辩论输了，那便是无话可说；假如我们赢了对方，把他的说法攻击得体无完肤，那又能怎样呢？我们如果得到一时的胜利，那种快感也维持不了多久。

相反的，我们的胜利必然会对别人的自尊心造成极大损失，使他面子上下不来，

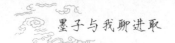
对方可能因此而忌恨我们，伺机报复我们也不是没有可能的。

因此，当我们要与人争辩时，不妨想想两个方面的结果：一个是毫无意义的"表面胜利"，一个是对方的好感。这两件事就如孟子所说"鱼"与"熊掌"不可兼得，我们需要的是什么呢？

人 生 智 慧

◇韬光养晦，巧妙避祸。

◇韬晦是为人处世的一种策略，也是做人处事的一门学问。

◇永远不和人做无谓的争辩。

积攒智慧，重视知识

【聊天实录】

我：墨老先生，您对积攒智慧有何高见？

墨子：我曾在《墨子·天志上》中提到：今天下之士君子之书，不可胜载，言语不可尽计，上说诸侯，下说列士，其于仁义，则大相远也。何以知之？曰："我得天下之明法以度之。"

我：您这句话该如何解释呢？

墨子：这句话的意思就是：现在天下士人君子的书籍，多得不可胜载，其中的言论也多得无法计算，它们向上论说诸侯，向下论说列士，而对于仁和义的解释，互相之间却相差很大。那么，如何知道它们的是非正误呢？回答是："我得到天下的明法，用来衡量它们。"

我：您的意思是说：文化知识，是社会发展的需要，是人类进步的阶梯，也是个人跟上时代步伐的决定性因素。

墨子：是的，你说得很对，古往今来，人们对文化知识尤其重视。

【解读】 ❧ **知识就是力量** ❧

1561 年，弗兰西斯·培根出生在英国伦敦的一个贵族家庭。培根从小身体不好，性格内向，但是他酷爱学习，喜欢思考问题，常常独自一人躲在僻静的角落里埋头苦读。

13 岁时，父亲送他到剑桥大学读书。一次，他在校园里散步，心中感到很烦恼，因为在大学里没有学到自己感兴趣的知识。他读的剑桥大学虽说是欧洲的一流大学，但也被"经院哲学"（一种为神学辩护的哲学，专门论证宗教教条的正确）统治着。学校里充斥着神学的争辩，思想僵化，方法老套，他觉得在这样的学校学习简直是有害而无益。

这时，培根看见地上有一队蚂蚁正在搬家，众多蚂蚁忙忙碌碌地工作着。培根仔细地凝视了很久，若有所思地对自己说："对！我也应该这么做，抛弃那些高谈阔论，从事情的最细微处着手，用实践去验证一切！"

培根立志从事实验科学以后，在实验室和图书馆内默默地度过了十几年。他根据自己的亲身观察和实践，总结了不少科学结论。

1597 年，培根的处女作《论说文集》问世。该书出版后风靡一时，多次再版，这激发了培根的创作热情。1625 年再版时，这部书已由最初的十篇论文增至五十篇。在这部著作里，培根将自己对社会的认识和思考以及对人生的理解，浓缩成许多绝妙的、富有哲理的格言和警句，寓意深刻耐人寻味。例如：

"假如没有友谊，世上将是一片荒漠。"

"最能使人心神健康的预防药就是朋友的忠言规劝。"

"顺境的美德是节制，逆境的美德是坚忍。"

"过分求速是做事最大的危险之一。"

1620 年，培根的又一部新书问世了，这就是他的代表作《新工具》。在这本书里，培根最早提出了"知识就是力量"的口号。他认为，只有掌握科学知识，才能改造和利用自然，让自然为人类服务。他还提出科学实验的重要性，强调只有通过科学实验，才能最终获得知识，培根也因此被人们认为是近代实验科学的奠基人。

"知识就是力量。"这是一句至理名言，它激励着人们掌握知识，向科学进军。

重视知识，积攒智慧

墨子向南游历，出使到卫国，车厢中载的书很多，弦唐子看见后感到奇怪。

弦唐子说："老师您教公尚过说：'书籍不过是用来衡量是非曲直罢了。'现在您车上载的书很多，有什么用呢？"

墨子说："以前周公旦早晨读书百篇，晚上还会见七十个士人，因此周公旦辅佐天子，他的美誉传到现在。我上没有侍奉国君的差事，下没有耕田种地的艰难，我哪敢废弃读书呢？我听说'天下万事殊途同归，言语总会出现差错'，可是人们听到的往往不一致，因此书就多起来了。现在有像公尚过之心的人，就能考究数理而精微之处。对于殊途同归的万物，也就知道其中的要旨了，因此就不用以书教他了，你为什么要感到奇怪呢？"

墨子认为：周公旦的功绩美名之所以为世人传诵，就是因为他每天都不懈怠地学习。像他那样侍奉国君日理万机的人尚且学而不倦，自己就更不能停止学习了。宋真宗赵恒的《劝学诗》云："富家不用买良田，书中自有千钟粟；安居不用架高堂，书中自有黄金屋；出门莫恨无人随，书中车马多如簇；娶妻莫恨无良媒，书中自有颜如玉；男儿若遂平生志，六经勤向窗前读。"

这段话的主要意思是：读书考取功名是当时人生的一条绝佳出路，考取功名后，才能得到财富和美女。

不管古人读书出于何种目的，他们那种"十年寒窗无人问"的刻苦向学的精神是值得我们学习的。

西汉时候，有个农民的孩子，叫匡衡。他小时候很想读书，可是因为家里穷，没钱上学，后来，他跟一个亲戚学认字，才有了看书的能力。

匡衡买不起书，只好借书来读。那个时候，书是非常贵重的，有书的人不肯轻易借给别人。匡衡就在农忙的时节给有钱的人家打短工，不要工钱，只求人家借书给他看。

匡衡

过了几年，匡衡长大了，成了家里的主要劳动力。他一天到晚在地里干活，只有中午歇晌的时候，才有工夫看一点书，所以一卷书常常要十天半月才能够读完。匡衡很着急，心里想：白天种庄稼，没有时间看书，我可以多利用一些晚上的时间来看书。可是匡衡家里很穷，买不起点灯的油，怎么办呢？

有一天晚上，匡衡躺在床上背白天读过的书，背着背着，突然看到东边的墙壁上透过来一线亮光。他霍地站了起来，走到墙壁边一看，啊！原来从壁缝里透过来的是邻居的灯光。于是，匡衡想了一个办法：他拿了一把小刀，把墙缝挖大了一些。这样，透过来的光亮也大了，他就凑着透进来的灯光读起书来。

匡衡就是这样刻苦地学习，后来终于成为西汉的大经学家，官至宰相。

"不登高山，不知天之高也；不临深谷，不知地之厚也；不闻先王之遗言，不知学问之大也。"只有知识才能使我们成为坚强的、诚实的、有理性的人，只有知识才能使我们成为成功的人，伟大的人。

人 生 智 慧

◇十年寒窗无人问。

◇知识就是力量。

◇不登高山，不知天之高也；不临深谷，不知地之厚也；不闻先王之遗言，不知学问之大也。

尽职尽责，才有资本

【聊天实录】

我：墨老先生，您对尽职尽责有何高见？

墨子：我曾在《墨子·尚同》中提到：闻善而不善，皆以告其上。上之所是，必皆是之；所非，必皆非之。上有过则规谏之，下有善则傍荐之。上同而不下比者，此上之所赏，而下之所誉也。

我：您这句话该如何解释呢？

孟子：这句话的意思就是：听到有人行善与有人不善，都要报告上面。上面认为对的，一定要认为它对；上面认为不对的，一定也要认为它不对；上级有过错，就要规诚劝谏；下边有人善良贤能，就要访查推举。与上面协同一致，而不朋比下属，这样的人，上面会赏赐他，下面会赞扬他。

我：您的意思是说：尽职尽责是对人生义务的勇敢担当，尽职尽责是对生活的积极接受，尽职尽责是对自己所负使命的忠诚和信守，尽职尽责是对自己所负责的工作出色地完成，尽职尽责是人性的升华，我们都应努力做到。

孟子：是的，你说得很对，做事应尽职尽责，恪尽职守，勇于担当，把该做的事做好，把该完成的工作出色地完成。

【解读】 ❧ **尽职尽责，成就自己** ❧

河南古城登封位于郑州、洛阳、平顶山三市结合处，以嵩山和少林寺闻名。这里流动人口超过百万，黑社会横行，是河南恶性案件的重灾区，积案累累，百姓怨声载道，该市公安局在全市 30 多个职能部门行风评议中多年位列倒数第一。

2001 年 4 月，37 岁的任长霞就任登封市公安局局长，当时同事们都怀疑，一个身单力薄的年轻女人，能够"玩得转"这座错综复杂的城市吗？

然而，仅仅过了半个多月的时间，"任青天"的称谓已在市民中传开。

任长霞上任不久，为了搜集由 30 余人组成的强买强卖、敲诈勒索的"砍刀帮"的证据，女公安局长化妆成收兔毛的乡下妇女亲自前去侦查，案件很快告破，女局长微服探访一时为人们所津津乐道。

大案要案一个接一个，不久后，一封按满血手印的举报信，让盘踞白沙湖、草菅人命、横行乡里的王松进入任长霞的视线。曾致使 7 人丧命、百余人受伤的王松团伙，背景复杂、关系网密集。

那些天，任长霞显得很"神秘"，只见她的车在公安局大院进进出出，办公室的灯光一直亮到深夜。摸清案情后，任长霞趁王松带着巨款大摇大摆走进她办公室游说时便直接将他逮捕，王松的 67 名喽啰也无一漏网，此案被列入当年中国十大涉黑案件。

1998 年 12 月，接到群众举报，一个黑帮头目要在郑州邙山公墓祭奠死去的同伙。任长霞带领侦查员凌晨 3 点赶往潜伏，进行抓捕，但是两名主要头目漏网。

黑帮头目知道，被任长霞盯上便逃不掉，于是他们将任长霞丈夫的弟弟绑架，装入麻袋扔到黄河边，故意让任长霞看到，以进行恐吓，并捎话说："如能网开一面，要 20 万、30 万都行。"母亲劝说，别干了，公安这行又苦又累，还很危险。任长霞说："要怕我就不干警察。"

从接待群众上访更可看出任长霞尽职尽责，一心为民为国的工作作风。

任长霞到任后，扩大了公安局控申接待科的规模，又把每周六定为局长接待日。

任长霞的第一个接待日应接不暇，从早晨到深夜 11 点，一整天她只是啃了几块烧饼。控申科科长宋海仁提供的数字显示，2001 年该科接访 3683 人次，2002 年 3155 人次，到了 2003 年，这个数字降到 1113 人次。

事实上，以任长霞一人之力，无法解决登封的所有积年问题，然而，任长霞的出现还是让民众又一次看到了希望。

一个充满责任意识的人，一个勇于承担责任的人，往往会因为这份承担而让生命更有分量。任长霞就是这样一个人，她知道自己肩上承担的巨大责任，没有逃避，没有退缩，她始终在尽职尽责地做着在这个岗位上最应该做的事情。为官一任，造福一方，尽职尽责的任长霞对得起局长这个职位，对得起祖国和人民。

尽职尽责，才有资本

每个人在生活中都扮演着不同的角色，无论一个人担任何种职务，做什么样的工作，都负有对他人的责任，这是社会法则，是道德法则，也是心灵法则。

正是责任，让我们在困难时能够坚持，让我们在成功时保持冷静，让我们在绝望时懂得奋起，因为我们的努力和坚持不仅是为自己，还要为别人、为社会。

公孟子对墨子说："君子拱手以待，别人问自己就说，不问就不说。好像钟一样，敲就响，不敲就不响。"

墨子说："这句话有三种情况在里面，你现在只知道一种情况，并且还不知道它所说的古义。

公孟子不解，墨子接着说："假如王公大人在国家中做出荒淫暴虐这类事，君子上前去劝谏，就会被说为不恭顺；通过左右近臣去劝谏，就会被说为私下议论，这是君子感到疑惑不解的地方。

"如果王公大人执政，将给国家带来灾难，就像弩机将要发射一样迫在眉睫，那么君子一定要进谏，这是王公大臣的利益。像这种情况，即使不叩钟，也一定要响。

"假如王公大人做出不义的邪行，虽然得到十分巧妙的兵书，可以用于军队的战事之中，想要攻打无罪的国家，并占领它，国君得到这样的东西，一定会采用，用来扩展领土，聚敛财物，但是出师必然会受辱，对被攻打的国家不利，对攻打别国的国家也不利，这对两方面都不利。像这种情况，即使不叩钟，也一定要响。"

墨子对臣子在君主面前什么时候应缄口不言、什么时候应大胆规谏有自己的想法，不管这种看法正确与否，它都鲜明地指出了一个毋庸置疑的观点：为人臣者要尽职尽责。

墨子在《亲士》篇中说：做臣子的如果只看重自己的爵位利禄，遇到国家大事不敢说出自己的意见，左右近臣黯然无声，远方之臣也噤不出声，那么国家就危险了。

反之，如果国家有很多尽职尽责的人来为它服务，又会怎样呢？公元前490年，希腊和波斯在马拉松平原上展开了一场激烈的战斗，最终，希腊人打败了前来侵略的波斯人。希腊上级命令菲迪皮德斯在最短的时间内将捷报送到雅典，以激励身陷困境的雅典人。菲迪皮德斯接到命令后从马拉松平原不停顿地跑回雅典（全程约40公里），当他把胜利的消息带到雅典时，自己却累死了。1896年，为了纪念这位尽职尽责的士兵，希腊人在第一届奥林匹克运动会上，就用他跑的距离作为一个竞赛项目，以激励那些勇于承担责任、坚持完成任务的人。

尽职尽责是为人处事的基本态度，也是最重要的态度，社会学家戴维斯说："放弃了自己对社会的责任，就意味着放弃了自己在这个社会中更好的生存机会。"

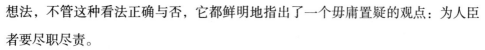

人 生 智 慧

◇一个充满责任意识的人，一个勇于承担责任的人，往往会因为这份承担而让生命更有分量。

◇为人臣者要尽职尽责。

◇尽职尽责是为人处事的基本态度，也是最重要的态度。

第章

墨子与我聊善恶有报

　　"本察仁义之本，天意不可不慎也。"墨子告诉大家，考察仁义的根本，就是对上天的旨意的顺从。要顺承天志，不顺从天意，将会遭到惩罚。

除恶扬善，不为所害

【聊天实录】

我：墨老先生，您对除恶扬善有何高见？

墨子：我曾在《墨子·非攻上》中提到：今天下无大小国，皆天之邑也。

我：您这句话该如何解释呢？

墨子：这句话的意思就是：现在的天下，并无大小国之分，都是天的城邦。

我：您的意思是说：恶人一旦得志将会祸患无穷，为了根除后患，最好在他尚未得势时便讨之诛之，绝不手软。

墨子：是的，你说得很对，子系中山狼，得志便猖狂。

【解读】　　　　对付小人，无须心软

东汉末年，刘备和许汜闲谈，谈到徐州的陈登时，许汜说："陈登文化教养太低，不可结交。"

"你有根据吗？"刘备感到惊异。

"当然有，"许汜说："头几年，我去拜访他，谁想他一点诚意也没有，不但不理人，而且天天让我睡在房角的小床上。"

刘备笑着说："他这样做是对的。你在外边的名气大，人们对你的要求也就高了。当今之世，兵荒马乱，百姓受尽了苦。你不关心这些，只打听谁家卖肥田，谁家卖好屋，尽想捞便宜。陈登最看不起这样的人，他怎么会同你讲心里话？让你睡小床，还算优待，若是我，就让你睡在湿地上，连床板也不给的。"

小人，更不会心软，一类是为了日后的野心，深深藏起自己的狐狸尾巴，极

尽奉承之能事，以讨主子欢心的人；一类是为了投靠新主子，可以毫不手软地提着旧主子的脑袋去向新主子讨赏的人。

有一种难以识破的奉承是应付事的讨好话语，当管理者在征求下属的意见时，有的下属会说些无关痛痒的话来应付。遇到这样的下属，管理者提出问题征求意见，结果将得不到任何解决问题的方法，只能落个空欢喜。

一家公司的老板在召集主管们开会时说："公司以往的事情，每次都是我说了之后，你们才做。我希望你们不要再如此被动，要主动自发地工作……"

马上有三个主管发表了意见。

甲主管说："您说得对极了，真的点到了问题的实质，大家听了都很受用，决心要好好地加以体会和运用……"

乙主管说："听了您的话，真是觉得不好意思，以往我总认为自己已经很主动地在工作，现在反省起来，发现还是远远不够的。您的话，将使我变得更加积极，谢谢您的提醒，以后请多指示……"

丙主管说："我觉得您说得很好，事实正是如此……"

一眼就可看出，甲是典型的阿谀献媚者，而丙就是"应付性"的献媚者，至于乙，则话语含蓄、委婉而真诚，这时，若老板缺乏自知之明，怕是要舒服得飘了起来。

面对应付事的奉承，解决的方法其实很简单，只要老板提出这样一个要求："请拿出你们各个部门的切实可行的方案！"

不能手软，除恶扬善

墨子认为当今天下没有什么大小国的区分，都是天子的城邑。这反映出墨子民主思想，他是墨子"非攻"思想的基础，虽然"非攻"是墨子的主要思想，但"非攻"并不是不攻，一味地守弱，防御。墨子认为大国攻小国，强国攻弱国的战争是非正义的战争，对此强烈反对。另一方面墨子赞同民众、讨伐暴虐害民之专制君主的战争。墨子对"战"与"不战"做了非常明确阐述，在生活中我们也经常会碰到一些为恶之小人。

一位伟人曾经这样说过：对敌人心慈手软就等于对人民犯罪。世上之人，形形色色，世界之大，无奇不有。在我们的周围，有好人也有坏人，有君子也有小人。俗话说："害人之心不可有，防人之心不可无。"在人际交往中，多长几个心眼没坏处。

恶人和小人如果没有过人的才干，就不足以危害国家。关键在于这些人心术不正，不愿意接受君子的驾驭，而且往往巧言善辩蛊惑人心，正人君子与之共事迟早会受其害。

自从孔子做了鲁国的大司寇以后，就同季孙氏、孟孙氏、叔孙氏三家大夫商议铲除家臣的势力，孔子说："家臣的势力一大，大夫反倒受他们的压制。必须把他们的城墙改矮，家臣才不敢随便背叛大夫。"

三家大夫都表示赞成，于是便通知三位家臣，让他们将城墙矮下三尺，三位家臣闷闷不乐。正在这时，他们想起了鲁国名人少正卯，请他出出主意。少正卯极力反对孔子的主张，说道："为了保卫国家才把城墙砌得又高又结实，不应当改矮，孔先生的这种办法不太合适吧？！"

由于少正卯在背后教唆，三个家臣就壮大了胆子，对主人的命令不再理会。三家大夫见状，便发兵围城迫使家臣就范。由于三家大夫联合行动，讨伐叛臣，季孙氏和叔孙氏的家臣被打败，狼狈逃走。孟孙氏的家臣公敛阳见势不妙，急忙找少正卯出主意。少正卯趁机煽风点火，说道："你把守的城墙是鲁国北面的要塞，千万不要把城墙改矮，要是城墙不结实，万一齐国打过来那就守不住了。"

公敛阳受了少正卯指使，态度立刻强硬起来，扬言："为鲁国的安全我宁可丢掉自己的性命，也不会听别人的话拆去城墙一块砖。"

孔子听了这话，便让孟孙氏将这件事告诉鲁定公，鲁定公召集群臣商量此事。

会上，意见不一。有的主张拆，有的反对拆，各有各的理由。一向反对孔子的少正卯这时不仅故意顺着孔子的心意，声言赞成孔司寇的主张，应该把城墙矮下三尺去，还乘机挑拨说三家大夫是培植私人势力。

孔子及时识破了少正卯的奸计，立即反驳说："这太不像话了，三家大夫都是鲁国的左右手，难道他们是培养私人势力的吗？少正卯明明是在挑拨是非，让君臣上下互相猜疑怨恨，这种挑拨是非，扰乱国家大事的人应判死罪。"

大臣们觉得孔子的话有些偏激，都纷纷为少正卯说情。

孔子说："你们怎么知道少正卯的奸诈？他的话听起来好像很有道理，其实都是些坏主意。他的一举一动，看着令人佩服，其实都是假装的。像他这种心术不正的虚伪小人，最能够颠倒是非蛊惑人，非把他杀了不可。"

孔子最终杀了少正卯。

孔子的弟子子贡事后曾问孔子："少正卯是鲁国的知名人士，先生诛杀了他，恐怕得不偿失吧？"孔子说："人有五种恶行，而盗窃还不包括在内：一是通达古今之变却铤而走险，二是不走正道而坚持走邪路，三是把荒谬的道理说得头头是道，四是知道很多丑恶的事情不揭露，五是依附邪恶并得到恩泽。这五种恶行沾染了一种，就不能避免被君子所诛杀，而少正卯是五种恶行都兼而有之，他是小人中的雄杰，岂有不杀之理！"

其实"小人"是没有明显标志的，少正卯在鲁定公面前还说孔子的好话，赞同他的主张。所以，如果仅想短时间内辨别"小人"是不容易的，但随着时间的推移，"小人"终究会露出蛛丝马迹的。从孔子讲的五恶与少正卯的所作所为看，"恶人"和"小人"的表现大多有以下几个特点：

第一，喜欢造谣生事。他们把造谣生事当成家常便饭一样，乐此不疲，为了达到自己的目的，不惜诽谤别人，诋毁别人的名誉。

第二，喜欢挑拨离间。他们为了达到谋取个人利益的目的，通常会使用离间法挑拨同事之间的感情，好从中坐收渔利。

第三，擅长拍马奉承。这种人嘴甜如蜜，善于恭维别人，拍马屁，巴结上司，打小报告，无中生有说别人的坏话，容易得到上司的宠爱。

第四，具有势利眼。他们对有权有势的人关怀备至，善于见风使舵，一旦有一天发现自己所依附的靠山失去势力陷入困境，他们就会落井下石，迅速抛弃对方，另寻高枝。

古今中外都是小人最难防。这并不是说小人在实力上有什么超过正人君子的地方，而是小人多是在阴暗角落里干一些见不得人的事情。小人表面上做得比"君子"还"君子"，道貌岸然，风度翩翩，暗地里却做着伤害别人的勾当。

面对小人和恶人，我们绝对不能手下留情，一定要用"狠"力，以其人之道反治其人之身，给对方一点颜色看看。千万不能以为得饶人处且饶人，养虎为患，因为除恶就是扬善。

人 生 智 慧

◇对敌人心慈手软就等于对人民犯罪。

◇古今中外都是小人最难防。

◇千万不能以为得饶人处且饶人，养虎为患，因为除恶就是扬善。

其人之道，还治其身

【聊天实录】

我：墨老先生，您对以其人之道还治其人之身有何高见？

墨子：我曾在《墨子·公孟》中提到：原攻则厚吾，薄攻则薄吾。

我：您这句话该如何解释呢？

墨子：这句话的意思就是：对方严同相辩，我也一定严同应对，对方缓言相让，我也一定缓言相让。

我：您的意思是说：论非攻不对他人进行侵伐，但如果对方仍是恶言以对的话，那就要以其人之道还治其身了。

　　墨子：是的，你说得很对，对于蛮不讲理者，我们同样要据理力争。

【解读】　　❧　**以其人之道还治其人之身**　❧

　　在澳大利亚辽阔的草原上，一匹狼跑到牧羊人的农场，想捕杀一只羊来吃。牧羊人的猎犬追了过来，这只猎犬非常高大凶猛，狼见打不过也跑不掉，便流着眼泪哀求，发誓它再也不会来打这些羊的主意了。猎狗听了它的话语，看了它的眼泪，非常感动和不忍，便放了这匹狼。想不到这匹狼在猎犬回转身的时候，纵身咬住了猎犬的脖子，最后，猎犬被狼吃了。

　　由这则寓言我们就能够明白：对于那些奸佞小人万不可有"妇人之仁"，应该以牙还牙，以毒攻毒，以其人之道还治其人之身。若是对小人动了菩萨心肠，心慈手软，只能深受其害，所以，面对小人的圈套和诡计，我们必须保持冷静。在对方处境不妙时，不妨痛下杀手。当对方想用毒计整治我们、侮辱我们时，最好用对方讲的道理、方法、要求，依样画葫芦，返还给对方，使其搬起石头砸自己的脚。

　　武则天把持朝政后，从告密者中选拔了一批新官员，这些人多出身无赖，惯于陷害无辜，他们使用异常残酷的手段，帮助武则天镇压异己。武则天借助于告密，利用酷吏扫荡了唐朝宗室势力，唐朝宗室子弟几乎被斩尽杀绝。

　　但是，这个权宜之计造成了小人钻营，世风败坏，冤狱遍地，怨声载道。武则天意识到该是收场的时候了，为了安定民心，稳定政局，武则天开始向酷吏开刀。有趣的是，武后整治并铲除酷吏的办法仍是"告密"，真可谓"以其人之道，还治其人之身"。

　　酷吏周兴，以善于制造"谋反"罪而著称。他草菅人命，残害无辜，朝野上

下无不对 他恨之入骨。正在他横行得意之时，有人告发他"谋反"，武则天令酷吏来俊臣审理周兴案。

武则天

来俊臣深知周兴老奸巨猾，不好对付，便想出一计。来俊臣在受命之后，就请周兴吃饭并假装向他求教："有个罪犯不肯认罪，你看应当采取什么办法呢？"周兴说："这事容易，拿来一个大瓮，四周燃起炭火，把囚犯装入瓮中，还怕他不认罪吗？"来俊臣于是叫人抬过来一口大瓮，按周兴说的办法，用炭火围住烧烤，然后站起来对周兴说："有人告你谋反，圣上有令，叫我审讯老兄，就请君入瓮吧！"周兴恍然大悟，惶恐不安，只好叩头认罪。

之后不久，又有人告发来俊臣谋反，武则天下令将他斩首于市。为了争取民心，武则天下了一道诏书，历数来俊臣的罪状，将任用酷吏以来造成的灾祸，统统归于来俊臣身上。

武则天借酷吏之手，为她扫荡了政敌，而后又以毒攻毒巧借酷吏的头颅，清洗自身，缓和危机，由此可见武则天权谋之高明。

自古以来，采用以毒攻毒的计策来处置那些卑鄙小人，是最有效的方法。但如果操之过急，群小便会结成暗党互相勾结，反而有可能招致大祸，缓一缓，他们之间就会互相挤对，不攻自破。以其人之道还治其人之身或类似的办法，其杀伤力是惊人的，也能起到事半功倍的效果。

针锋相对，以牙还牙

楚王存心想侮辱晏子，令人在城门旁边挖了一口小洞，让管礼宾的小官带晏子从此洞进城。晏子不进，他面对周围等着看笑话的人群，装作十分惊讶的样子说："啊呀！今天我恐怕来到狗国了吧？怎么要从狗门进去呢？"楚人讨了一脸没趣，只好引他从大门进了城。

罗蒙诺索夫出生在一个渔民的贫苦家庭，童年时代生活非常艰苦。成名以后，罗蒙诺索夫依旧保持着简朴的生活习惯，毫不讲究衣着，埋头于研究学问。一个专爱讲究衣着但又不学无术自作聪明的家伙，看到他衣袖的肘部有个破洞，就指着窟窿挖苦般地嘲笑他："从这儿可以看到你的博学吗？先生？"罗蒙诺索夫毫不迟疑地回答："不，一点也不！先生，从这里可以看到愚蠢。"

以上两人所使用的策略，叫作"以其人之道还治其人之身"。既然让我从狗洞进城，那进的自然就是狗国了；既然你要借题发挥，讽刺挖苦，我当然要针锋相对，以牙还牙！

或许有人要说，对人要讲真诚，为什么还提倡以牙还牙，不是让人以恶抗恶吗？真诚是需要条件的。真诚者与真诚者肝胆相照，就像是两块打火石相撞，迸闪出的是心灵的火花；人敬你一尺，你敬人一丈，人对你刁滑，你也必须"刁滑"。

顺其言，反其意。

这种方法的效果在于使人感到那个无理的人是引火烧身，搬起石头砸了自己的脚。

德国大诗人海涅是个犹太人，常遭到一些无耻之徒的攻击。在一个晚会上，有人对他说："我发现了一个小岛，这个小岛上竟然没有犹太人和驴子！"海涅白了他一眼，不动声色地说："看来，只有你我一起去那个岛上，才会弥补这个缺陷。""驴子"在美国南方语言中，是"傻瓜、笨蛋"的代名词，面对是犹太人的海涅，将"犹太人与驴"并称，无疑是侮辱人，可海涅没有对他大骂，甚至对这种说法也没有异议，相反，他把这种并称换上"你我"，这样就一下子把"你"与"驴"相等了。

2. 结构相仿，意义相对

这种方法是在双方语言的相仿与相对中，表现出极其鲜明的对抗性。丹麦著名童话作家安徒生一生简朴，常常戴顶破旧帽子在街道上行走。有个不怀好意的人嘲笑道："你脑袋上面的那个玩意儿是个什么东西，能算是顶帽子吗？"安徒

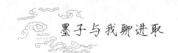

生回敬道："你帽子下面的那个玩意儿是个什么东西，能算是脑袋吗？"安徒生的话语和对方的话语结构、语词都相仿，只是几个关键词的位置颠倒了一下，显得对立色彩格外鲜明。

3. 佯装进入，大智若愚

这种方法就是假装没识破对方的圈套，照直钻进去，它的效果是显出自己完全不在乎对方的那种小伎俩。

一个嫉妒的人写了一封讽刺信给海明威，信上说："我知道你现在是一字千金，现在附上一美元，请你寄个样品来看看。"海明威收下钱，回复一个字——"谢"！海明威完全识破对方的刁难、侮辱人的行为，但他根本不将此放在眼里，他就照他人的刁难要求办，结果也真搞得那人难下台。

总之，面对小人的圈套和诡计，我们必须保持冷静。在对方处境不妙时，不妨痛下杀手，"痛打落水狗"。当对方想用毒计整治我们、侮辱我们时，最好用对方讲的道理、方法、要求，依样画葫芦，返还给对方，使其搬起石头砸自己的脚，使其"哑巴吃黄连，有苦说不出"。

对于善者，我们不能一味地退让与退却，我们忍让与退却有时助长了恶的嚣张。对于有些时候，我们必须扬起惩罚的武器，去遏制恶的增长。

这就墨子的智慧可爱之处，它给予了现代人诸多启发，小至生活琐事，大至做人原则，颇值得我们掩卷沉思。

人 生 智 慧

◇以其人之道，还治其人之身。

◇真诚者与真诚者肝胆相照，就像是两块打火石相撞。

◇扬起惩法的武器，去遏制恶的增长。

顺天应志，天恒爱之

我：墨老先生，您对顺天应志有何高见？

墨子：我曾在《墨子》中提到：天下有义则生，无义则死；有义则富，无义则贫；有义则治，无义则乱。然则天欲其生而恶其死，欲其富而恶其贫，欲其治而恶其乱。

我：您这句话该如何解释呢？

墨子：这句话的意思就是：天下有道义就能生存，无道义就会死亡；有道义就能富裕，无道义就会贫困；有道义就能治平，无道义就会混乱。天希望人类能生存而憎恶其死亡，希望天下人富裕而憎恶其贫困，希望天下能够治平而憎恶其混乱。

墨子：您的意思是说：天希望人们能够好好地生活，在一种安定有序的社会环境下，过上一种富裕幸福的日子，而憎恶死亡、贫困和混乱。

墨子：是的，你说得很对，天之所欲也就是人们所希望的，而天之所恶也就是人们所憎恶的。

【解读】　　　**施行仁政，拯救世人**

1941 年 12 月，日本在偷袭珍珠港的同时，集中兵力从中国华南向香港发动进攻。12 月 25 日，香港沦陷，大批守卫香港的英军被俘。

1942 年 9 月 25 日，关押在九龙及香港岛的 1816 名英军战俘被押上了日军的"里斯本丸"号。由于安装了军事设备却没有悬挂相关旗帜或标志，9 月 30 日晚，这艘客货轮被美国太平洋舰队潜艇部队"鲈鱼"跟踪并攻击，其中一枚鱼雷击中"里斯本丸"的燃料舱，船上响起了巨大的爆炸声。

为了防止骚乱，日军封闭所有舱口，钉上木条，盖上防水布，并用绳索捆住，战俘所在的船舱里既无照明，又隔断了新鲜空气，令人窒息。

最后，失去动力的"里斯本丸"经过一天一夜的漂流，船体开始倾斜下沉。次日上午8时左右，"里斯本丸"船长决定弃船。

日军运输船随即派出救生艇，带走船员和大部分卫兵，仅留下六七个卫兵在甲板上监视战俘，惨无人道的日军企图让所有战俘与"里斯本丸"号一起葬身大海。

"里斯本丸"出事的地点位于舟山东极附近海面，距离最近的是青浜、庙子湖两个小岛，岛上居民以捕鱼为生。当时，舟山本岛及岱山等附近岛屿虽已被日军占领，但外围小岛仍为地方抗日武装所控制，这为营救英军战俘提供了条件。

1942年10月2日9时，漂流至东极岛约2海里处的"里斯本丸"尾部沉入大海，头部向上翘起，轮船上大批英俘和财物坠入汪洋之中。东风掀起狂潮，浪花翻卷着漩涡，眼看在大海里挣扎的落水者即将被吞噬。

东极、庙子湖等附近小岛渔民见此情景，当即自发驾着小舢板出海救人。青浜、庙子湖等附近小岛196名渔民，先后出动小渔船48艘65次，从海面上救起384名英军官兵，其中一些英军战俘游上了附近的无人岛礁，也被渔民救回。

被救起的盟军战俘被安置在渔民家中，岛上渔民慷慨地拿出所有的粮食、鱼干和番薯给英俘充饥，同时还取出衣服给英俘穿。

10月3日，空中传来"轰隆"的声音，几架日机飞临上空，向"里斯本丸"沉没的海域投下了大量炸弹。10月4日，5艘日军舰艇开抵东极海域，约200名日军上岛挨家挨户搜查，任意吊打手无寸铁的渔民，威胁渔民不得隐藏英军战俘。最后，盟军战俘又被日军重新押上船。

惨无人道的日军怎么也不会想到，在他们的淫威和刺刀下，青浜岛竟还有3名英俘在岛民掩护下躲过大搜捕。

3名英俘藏了5天后，扮成渔民模样，通过当地抗日武装的护送，他们躲过附近的日本巡海炮舰，成功转移到另一小岛做短暂休养，后来他们又被送出海岛，辗转至重庆，最后由英政府驻华使馆接回国。

3 名英军战俘居留重庆期间，曾以亲身经历在广播电台上揭露日军暴行，引发了国内外强烈公愤。

1949 年 2 月 27 日，香港隆重悼念"里斯本丸"号上的遇难英军官兵，并高度赞扬了舟山渔民勇救英军官兵的功绩。

如果人类丧失了仁义之心，那整个社会将充满暴力。无论世态如何炎凉，人心如何浅薄，仁义永远是指引人类前进的明灯。一个人如果能真诚地践行仁义，就能影响更多的人、带动更多的人来施行仁义。

顺成天志，天必福之

墨子所谓的天志、天意说到底代表了一种人类自身对社会生活的美好愿景的追求和向往。

同时，"天"与"义"亦是紧密相连的，墨子认为"义自天出"，因此，墨子所谓的天志、天意也可以说是一种社会道义或公平正义的象征。因为天希望的是人们行义事，而不是做不义的事，反之，人们的言语行为，凡是符合天志、天意的也就是义的，否则就是不义的，义与不义直接关乎着人类的生与死、家国的贫与富、天下的治与乱。在墨子看来，只要统治者能够顺承天志、天意而实行"义政"，天下就可以得到治理、走向富裕和太平，否则就会陷入大乱和贫困之中。

古时候三苗大乱，民不聊生。古帝高阳于是给在玄宫的禹下达命令，大禹亲自握着天帝的瑞玉令符，去征讨有苗。雷电震撼，有一尊神人面鸟身，用手捧着圭玉侍立，挟箭急射有苗头领。有苗军大乱，一败涂地。大禹战胜三苗后，便划分山川，分别物类，节制四方，于是黎民百姓安居乐业。商汤驱逐夏桀，亦同此理。桀王无道，导致寒暑杂至紊乱，五谷枯焦死去，汤于是奉上天之命，率领他的部队诛讨夏桀，夏桀的民众也起而响应，归附商汤。到了商纣王，天帝不能享受其德，祭祀鬼神不按时，于是又天下大乱。妖妇夜间出现，鬼怪夜间悲吟，有女子化为男子，天下了一场肉雨，荆棘生长在国都大道上，纣王更加骄横放纵了。有只赤鸟口中衔圭，降落在周的岐山社神庙上，说道："上天命令周文王，讨伐殷邦。"贤臣泰颠来投奔协助，黄河中浮出图箓，地下冒出乘黄马。

周武王即位后，梦见三位神人对他说："我既已使荒淫的殷纣王沉湎于酒色之中，你前去攻打他，我必定助你成功。"武王于是决定替天行道，消灭纣王这个无赖，反商为周。政教通达四方，天下太平。依墨子之见，诛讨之功，功在上天、鬼神和民众，上符合上天的旨意，中符合鬼神的利益，下符合人民的心愿。倘若当代人不拘泥于上天、鬼神之类代指的说法，那么，就不难明白，为民众的长远利益而战，就是诛讨者最大的功劳。

神话故事总是给历史蒙上一层神秘的面纱，穿越几千年历史时空依然美丽动人。不管神话故事是真是假，但对于后人来说，都向我们阐述一个道理：顺成天志，天必福之。

易经有三立之道，立天之道，日之明月，立地之道，日之刚柔，立人之道，日之人仁。墨子说统治者要顺承天志，实行"义政"，天必福之。那么，我们做人也要以"仁义"为本，若不能行仁义，那么形体上是个人，但本质上不是个真正的人，因为这个人没有做人的人格水平。

人生智慧

◇天欲其生而恶其死，欲其富而恶其贫，欲其治而恶其乱。

◇如果人类丧失了仁义之心，那整个社会将充满暴力。

◇统治者要顺承天志，实行"义政"，天必福之。

上天明察，善恶与之

我：墨老先生，您对为善为恶有何高见？

墨子：我曾在《墨子》中提到：夫天，不可为林谷幽门无人，明必见之。

我：您这句话该如何解释呢？

墨子：这句话的意思就是：对于上天而言，没有什么山林深谷幽僻之所，无论什么地方，上天那明亮的目光都能看见。

我：您的意思是说："天"无所不在，无时无处不在，它在冥冥之中注视、照察着人类的每一个角落，在天的监视之下，任何人都是无所逃避的。

墨子：是的，你说得很对，要想人不知，除非己莫为，做的事是善是恶，天都会明察的。

【解读】 为善与为恶，上天都明察

有两个重病的人住在同一间屋子里，一位名叫张楠，一位名叫王虎。张楠是个快乐阳光的小伙子，而王虎是一个满腹猜疑的中年男人，尽管他们的个性格格不入，但在这间小房子之中，相处得还比较愉快，只是有一件事让王虎的心里非常不痛快，那就是这间小屋子中唯一的一扇窗户。

这间小病房的空间非常小，张楠与王虎两个人住还显得有点拥挤，好在病重的两人活动范围都仅限在床上，因此，大部分时间他们都只有依靠看天花板，以及四面洁白的墙来度过时间。可以说，他们的生活非常无聊，然而幸运的是，小房间里有一扇窗子，可以看见外面的美丽世界。

靠窗睡的张楠，每天起床的第一件事，就是给病友王虎描绘窗外的景致，以消磨这一天漫长的时光。这一天，张楠又开始了自己的描述，他说："你看，窗口外边的公园里又坐满了人，还有那公园里的湖中，天鹅和鸭子都在里面散步呢！你瞧，湖边的孩子们一个劲地给它们撒面包屑，还有的在放他们喜欢的模型船玩。年轻的恋人都在树下携手散步，树顶上则是美丽的天空……"

起初，王虎倾听着这些美景还觉得挺享受，但后来他就不这样想了，而是在思考一个问题：为什么睡在窗边的人可以独享外头的美景呢？他觉得很不是滋味，他越是这么想，就越想换个位子。这天夜里，他正想着心事，忽然，听到张楠传来的咳嗽声，张楠一直想用手按铃叫护士进来，却始终都无法完成这个动作，而看见这一切的王虎，只是冷眼旁观而没有帮忙的意思……

第二天一大早，当护士来到病房时，发现张楠已经死了。

此时此刻，王虎如愿以偿地换到了那张床上，他感觉非常满意，然而，当他用肘撑起自己，并吃力地往窗外望去时，却惊讶地发现，窗外除了一堵空白的墙之外，其他的什么都没有！此时此刻的王虎肠子都悔青了，如果他没有因恶念而在那一晚按铃帮助张楠的话，还可以听到美妙的窗外故事，但现在一切都晚了，他看到的是什么呢？不仅是窗外的白墙，还有自己心灵的丑恶。

几天之后，王虎在自责与忧郁之中死去了。

从古至今，总有一些人为了追求"和氏璧"、"隋侯珠"、"三翮六翼的九鼎"之类的东西不惜去违背道义的事。墨子时代有项子牛之类（墨子弟子），而今天，类似的事情就数不胜数了，光违法经商出售的假冒伪劣产品就有假烟、假酒、假药、黑心肉等，这类事件总使人应接不暇，眼花缭乱，最天理难容的就是黑心奶粉，居然为了利益，对婴儿都不残留一点善心！

所以说，为善与为恶，上天都必明察，我们都要遵循墨子给我们的启示：对于上天而言，没有什么山林深谷幽僻之所，无论什么地方，上天那明亮的目光都能看见。

善恶存于一念之间

在西周时期，人们认识到：人间的王虽然是受命于天的天子，但"天命"是"无常"的，会变的，否则就不会发生商朝取代夏朝、周朝取代殷商那样的事情了。那么天在什么情况下会改"命"呢？就是当这个人间的天子缺德的时候。比如商纣王，很缺德，不能爱民保民，就配不上"天命"，"天命"就要改了。改也就是"革"，天命改了，也就是"革命"了。所以《周易》里面有句话，叫作"汤武革命，顺乎天而应乎人"。可见"革命"的合法性，就在于"替天行道"。

有鉴于此，周天子对自己的"德"很在意，反复告诫子孙要"敬德"、"明德"，要"保民"。他们小心谨慎地观察"天"的"情绪"，如果出现了日食、月食或是其他不寻常的自然灾害，他们就认为"天"不高兴了，可能是因为我们做错什么事了，于是反省自己，修理自己的政治，这种观念在当时是一种普遍的意识形态。

自春秋以来，一种人文主义、理性主义的思潮也逐渐兴起，就是认为"天道远，人道迩"，意思就是说"天道"离我们其实很远，"人道"才是贴近我们现实的事情，把我们人自己的事情搞好是最重要的。孔子、孟子虽然没有切断"天道"和"人道"之间的联系，但显然是更加关注人道和人事，他们对"天"以及鬼神只是采取一种敬而远之的态度，也就是对"天"和"天命"表示敬畏，但却不多谈论。孔子认为"天"是不会直接说话的，它只是用日月四时的运行来表示它的意思。孟子则认为，如果说"天"是有视觉和听觉的话，那也是通过老百姓的视觉和听觉来表现的，所以统治者要特别在意"民视""民听"。

墨子发现，他那个时代的士君子开始不再信仰天志，也不再引天志以相互警戒，这是天下秩序混乱、世风日下、道德败坏的根源。因此，为了挽救混乱的世事、重整世界秩序，墨子认为有必要重新让世人了解、领悟和尊奉天志行事，所以，墨子大肆鼓吹"天志""明鬼"，为自己的社会政治主张提供支撑。

墨子提出："夫天不可为林谷幽门无人，明必见之。"只要你做了坏事，无论你藏在哪里，天也会知道的。

一日，佛祖闲来无事，从地狱之井向下望去，只见无数生前作恶多端的人正因自己的邪恶而饱受地狱之火的煎熬，脸上写着无比痛苦的表情。

此时，一个强盗看到了慈悲的佛祖，马上乞求佛祖救他。佛祖知道这个人生前是个无恶不作的大盗，他抢劫他人财物，任意屠杀生灵。但是，他也不是一次善事都没做过。有一次他走路的时候，正要踩到一只小蜘蛛时，突然心存善念，移开了脚步，放过了那只小蜘蛛，这成了他一生中罕见的善业。

想到这里，佛祖认为他还有一丝善心，于是决定用那只小蜘蛛的力量来救他脱离苦海。

佛祖从井口垂下去一根蜘蛛丝，大盗像发现了救命稻草一样拼命抓住了那根蜘蛛丝，然后用尽全力向上爬。可是其他在井里接受煎熬的人看到这样的机会都蜂拥着抓住了那根蜘蛛丝，无论大盗怎么恶言相骂，他们就是不肯松开双手。

蜘蛛丝上的人越来越多了，大盗因为担心蜘蛛丝太细，不能承受这么多人的重要，从而将自己脱离苦海的唯一希望毁坏，于是便用力将自己身下的蜘蛛丝砍断了，结果，蜘蛛丝突然消失了，所有的人又重新跌入万劫不复的地狱。大盗连最后一点怜悯都没有了，佛祖怎么会救他呢？

其实，既然蜘蛛丝是佛祖抛下来的，怎么会断呢？

善，即善良，指美好的事；恶，即丑恶，指坏事。无论是善还是恶，皆有大小之分。比如，有的人就理直气壮地称：只要犯法的事不干，小打小闹地占点公家的钱物，根本算不了什么。还有一些人，喜欢拿自己的"小恶"同那些杀人放火、坑蒙拐骗的行为相比，比起他们，我这点小错算得了什么呢？正是这种"小恶无害论"，使得他们错误越犯越大，甚至走向了犯罪的深渊，善恶皆在一念之间。

人生智慧

◇为善与为恶，上天都必明察。

◇无论什么地方，上天那明亮的目光都能看见。

◇善恶皆在在一念之间。

诛讨无道，天下之利

我：墨老先生，您对诛讨无道有何高见？

墨子：我曾在《墨子》中提到：子未察吾言之类，未明其故者也。彼非所谓攻，谓诛也。

我：您这句话该如何解释呢？

墨子：这句话的意思就是：你们没有仔细审察我所说的究竟是哪一类战争，没有弄明白其中的缘故。那不能叫作'攻'，而应该叫作'诛'。

我：您的意思是说：攻伐是颠倒黑白，强词夺理；诛讨是伸张正义，救民于水火。诛讨虽也要付出代价，但换来的是和平，铲除的是战争的根源。

墨子：是的，你说得很对，诛讨，是抵制攻伐的最直接的方式。攻伐即邪恶，诛讨即正义。尽管在形式上相仿，都是诉诸武力，但性质上截然不同。

【解读】　　　**坚持自己，抵制无赖**

在日常生活中，我们有时也会碰到一些无赖式人物，对这种人也是有必要诛讨的。"无赖"是现实中常见的一种人，每个人都难免会遇到，这些人往往自私自利，为谋得自己的利益与你死缠烂打，占点理就趾高气扬，无理也能跟你死磕。遇到这种人，我们说话时若有丝毫让步，都很可能让他得寸进尺。

"嗨，棉毛衫，每件4元！"一汉子的高声吆喝，吸引一女顾客从其摊位上挑了一件。她付了款，转身欲走，那汉子急忙拦住曰："哎，还差6元。"女顾客大惑不解："每件4元，我只要了一件，不是已经付给你4元了吗？"那汉子狡黠地一笑："哪里哟，我喊的是'每件10元'。"女顾客愤然道："我明明听的是'4元'，现在你又说'10元'，这不是存心欺骗吗？"那汉子眼睛凶狠地一瞪，大吼道："谁欺骗你了？我喊的就是10元！"女顾客有些惶恐，瑟瑟地说："10元？那我不要了，退钱给我吧。"

那汉子更了不得，气势汹汹地指着女顾客："你耍我？今天我还没开张，你就要触我的霉头？休想！说要就得要！快点，再补6元来！"那神情，似乎要把女顾客一口吞下。

女顾客难以脱身，不料她不急不忙反倒哈哈大笑起来："你吓唬谁呀？你自己看看，这种棉毛衫，能值10元吗？给你4元，都已经抬举你了。"

"我要的是10元，你为啥给4元？"

"我听见你喊的就是4元，从目前的行市来说，顶多也就这个价。"

"我喊的就是10元，你自己听错了，你怪谁？"

"'4'和'10'，在声音上是有明显区别的。如果要存心敲诈顾客，故意混淆它们在发音上的某些近似，即使占点便宜也只能得逞一时，最终吃亏的，还是你自己。"

"谁敲诈了？我吃亏不吃亏，关你啥事？"

"啊哟，你做生意难道不是为了赚钱？要赚钱，最起码的一点，就得讲信誉。硬要把'4'说成是'10'，这不是敲诈是什么？不顾信誉。你生意还做得下去吗？今天我就给了你10元，你还能敲诈得了第二个吗？""我……我喊的，是10……10……元。"

"现在，不管你喊的是'4元'，还是'10元'，市场的买卖双方，都是依质论价的。像这种棉毛衫，如果你喊10元，我绝不会买，可以说，任何人都不会买。这一点，你是比我更明白的。"

"真……的，我喊的是……10元，你又没还价，就表明你同意我喊的价了。"

"好，就算你喊的是10元。我付4元给你，就表明我认为它只值这个价，这难道不是一种具体的、实实在在的还价吗？还用得着多说话吗？要是你觉得不合算，你可以不卖；同样，你硬要 10 元，我也可以不买，这是市场交易的起码原则。强买、强卖，都是违法的，你想去工商所的话，我陪你！"

"好好好，便宜你了，算我倒霉……"

女青年力挽狂澜是因为她瞅准了，但凡无赖怕什么——一怕理，二怕法。不难看出，开始时，由于那汉子的无赖，使她处于困境之中。但她坚信自己并没有听错，对手是在敲诈，很快就调整好自己的战术，只有坚定不移地揭露他，击中他的要害，并以法律为自己撑腰，才能扭转颓势，战而胜之。

诛无道，乃天下之利

墨子对战争的分析是有着明显的是非观、价值观和善恶观的。以是否能"兴天下之利除天下之害"为标准，他将战争分为"攻无罪"（非正义）和"诛无道"（正义）两种类型。在战争问题上，他既不赞成国家间的攻伐掠夺，也不盲从"春秋无义战"的主张，而是结合历史与现实的事例，对战争性质进行了精辟分析，对正义的战争给予支持，对不正义的战争进行谴责和坚决反对，进而主张积极防御，战胜不义之战。

对于战争的性质，墨子是中国历史上第一次将其划分为"诛"与"攻"，认为诛讨暴君的战争是顺从天意民心的正义战争，是利天下、利大众、利弱小的，因此应该支持。而攻伐无罪之国的战争则是以强凌弱、以大欺小、祸害天下、涂炭生灵的非正义战争，因此应该坚决反对。显然，墨子的"非攻"不是不加分析地反对一切战争，而是有所选择和取舍。我们深信，在今天，那些富有同情心和正义感的人们，也会像墨子那样，既崇尚和平，又反对欺凌弱小国家的不正义战争的。

汤为商部落首领，夏朝末年，商部落逐渐强大，眼见夏桀暴虐，失去民心，汤决心灭夏。桀担心汤势力壮大而威胁自己，便将汤召入夏都，囚禁在夏台。商族又送桀以重金，并贿赂桀的亲信，使汤获释归商。

汤以仁厚收揽人心，争取人民的支持，有一次，他外出游玩，看见一人在树上挂起一张网，然后喃喃自语说："不论天上来的，还是地面来的，凡是从四面八方来的鸟，都飞进网里来。"汤对他说："你太过分了吧，怎么可以这样网尽杀绝呢！你撤掉三面，留下一面的网就可以了。"农民依言照办。汤祝告道："鸟儿啊，你们愿意往左的就往左，往右的就往右，只有不听我话的鸟儿，才飞进网里来。"

商汤

商汤"网开一面"的故事在诸侯中很快就传扬开了。诸侯闻之，曰："汤德至矣，及禽兽。"（《史记·殷本纪》）诸侯们听说以后，都齐声称颂说："汤是极其仁德的人，对禽兽都是仁慈的。"大家都认为汤是有德之君，可以信赖，归商的诸侯很快地就增加到四十个，商汤的势力也愈来愈大。

汤历数夏桀的暴虐无道，号召夏的附属小国背弃桀，归附商，对不听他劝告者，就先后出兵攻灭，如葛、韦、顾等夏朝属国，以剪除桀的羽翼。商汤越战越强，十一征而无敌于天下，夏桀陷于孤立的境地。汤还迁都于毫，以此为前进的据点，准备最后攻灭夏朝。

汤还采纳伊尹的建议，停止朝贡夏朝以试夏桀的实力。桀命令九夷族发兵征讨商，这说明桀还能调动九夷族的兵力，汤和伊尹就马上请罪，恢复向夏桀的进贡。

一年后，九夷族忍受不了桀的残暴统治，纷纷叛离，使桀的力量大为减弱，汤和伊尹见时机成熟，就由汤召集部众，出兵伐夏，在鸣条（今河南封丘东）一举攻灭了夏桀，建立了中国历史上第二个奴隶制王朝——商朝，定都毫。

汤建立商朝后，减轻征赋，鼓励生产，安抚民心，使商的势力扩展至黄河上游，成为又一个强大的奴隶制王朝。

商汤的所作所为向我们诠释了一个道理：诛无道，乃天下之利。

人 生 智 慧

◇诛讨，是抵制攻伐的最直接的方式。

◇兴天下之利除天下之害。

◇诛无道，乃天下之利。

赏善惩恶，天之能力

【聊天实录】

我：墨老先生，您对赏善罚恶有何高见？

墨子：我曾在《墨子》中提到：顺天意者，兼相爱，交相利，必得赏；反天意者，别相恶，交相贼，必得罚。

我：您这句话该如何解释呢？

墨子：这句话的意思就是：顺从天意的人，能够无差别地爱他人，互相给予利益，必定得到上天的赏赐；违反天意的人，视人为异己而互相仇恨，彼此互相伤害，必将受到上天的惩罚。

我：您的意思是说："天"能干预人事，对人进行奖惩。而"天子"就是"天"在人间的代表，他们是受"天命"也就是天的命令在人间实施统治的，他们死了之后也就成了神到天上"在帝左右"，一起主宰人事。

墨子：是的，你说得很对，人世间的一切都是由"天"主宰的，"天"不仅有道，而且有意识。

【解读】　　为善之人，不图回报

人若作恶，天就一定降祸给他吗？人若为善，天就一定降福给他吗？

春秋战国时期，秦穆公走失了一匹马，岐山脚下的一个农民捉得了这匹马并和三百个人一起吃了它。秦穆公的官吏追捕到了食马的人，想按照法律来处置他们。秦穆公说："有德才的人不因为畜生而杀人，我听说吃马肉而不喝酒，就会伤及身体。"于是便给酒让他们饮。后来秦穆公攻打晋国，那三百人听说秦穆公被晋军围困，便拿着锐利的武器拼死相救，以报答给马肉吃的恩德。最后，秦穆公获救了，而且还擒获了晋侯。

楚庄王大宴群臣，宴会期间突然风起，所有蜡烛都被吹灭了。这时，不知是谁趁黑调戏为群臣敬酒的楚庄王的爱妃许姬。许姬在慌乱中将那个人帽子上的缨子揪下来，摸到庄王跟前悄悄告知此事，没想到庄王却站起来大声说："大家不要受拘束，都把帽缨子摘下来，我们喝个痛快。"大臣们都莫名其妙地把帽缨子摘下来了，庄王这才叫人点燃蜡烛，请大臣们继续喝酒。庄王和许姬都不知道少了帽缨子的那个大臣是谁，但都没有追究下去。后来楚国讨伐郑国时，健将唐狡自告奋勇当开路先锋，进兵神速。庄王召见唐狡，要奖赏他，他说："君王已给我优厚的赏赐，我今天应该报效于您，不敢再受赏了。"庄王感到很奇怪，说："我什么时候赏赐过你？"唐狡说："在绝缨会上，拉美人袖子的就是我，承蒙君王不杀之恩，今特舍命相报。"

好人终有好报，秦穆公和楚庄王的善举都得到了意外的回报。但施恩不图报，好事不留名，对真正的君子来说，为善为恶之所导致的福祸，更多地体现在一种内心的体验和感觉上。为善，如春园之草，不见其长，日有所增；为恶，如磨刀之石，不见其损，日有所亏。于是，久而久之，为善者必福气临门，为恶者必大祸临头。

赏善罚恶，天之能力

墨子认为，天具有"赏善罚恶"的能力，而统治者只有以"天志"作为自己的行为准则，顺从天的意志，兼爱天下的人，为人做事能够上利于天、中利于鬼、下利于民，才能得到上天的垂爱和奖赏：反之，违逆天意者，以大欺小，恃强凌弱，彼此憎恶、仇视和伤害，必定会受到上天的唾弃和惩罚。如果说前者是具有"天德"的统治者的话，那么，后者便是"天贼"式的统治者。显然，墨子希望这样一些思想观念能够对统治者起到某种警示和告诫的作用，不过，那要看统治者是否真正信仰墨子所谓的天志天意了。

墨子又提出："夫愚且贱者，不得为政乎贵且知者，然后得为政乎愚且贱者。"意思是说，那些愚蠢而卑贱的人，不能去统治尊贵而有智慧的人；那些尊贵而有智慧的人，才能够去统治愚蠢而卑贱的人。表面上看来，墨子的这一主张所强调的是政治统治的基本原则应是尊贵和有智慧的人统治愚蠢和卑贱的人。将这一原则真正落于实处，无疑会形成一种严格而僵化的尊卑贵贱的等级制度，不过，"醉翁之意不在酒"，墨子所关注的主要不是如何建构人与人之间的尊卑贵贱的等级制的问题，而是人与天或者更确切地讲是统治者（天子）与天的关系问题，即天子之于天，究竟谁更尊贵、谁更有智慧的问题。这一问题的背后事实上关系着这样一个重要的政治问题，即谁才能制约人间统治者的权力，并使其政治统治具有正当与合理性。在墨子看来，相对于人间的统治者来讲，唯有"天"才是更为尊贵和富有智慧的。

因此，墨子可以顺理成章地推论说：唯有天高于天子而可以统摄人世间的一切，天是监临天下、主宰一切的最高至上神，也唯有天才拥有至高无上的绝对权威，即使是人间的最高统治者也应顺从天志、天意，按照天志、天意来进行统治才具有正当与合理性。

俗话说，善有善报，恶有恶报。为人只有行善积德，心中坦荡，才能得到好的报应。而作恶多端，多行不义，必然会遭到应有的惩罚。为善者得福，为恶者致祸，《墨子·法仪》中也鲜明地指出了这个观点。

墨子认为，爱人利人的人，天一定降福给他，损人害人的人，天一定降祸给他。"夫奚说人为其相杀而天与祸乎？"为什么说人若互相残杀天就会降给他灾祸呢？墨子认为这是由于天希望人们相互爱护、相互帮助，而不是希望人类相互厌恶、相互残害。

做了一件有利于别人的事情，给人一个迫切需要的帮助，救援了一个需要救援的人，内心会有一种什么样的感受呢？是否会有一些安慰、一些自豪、一些快乐，或者感受到了善良？有，这就是回报。这就是这件事情带给我们的一个好报应，也是福的起源。

反之，做了损害别人的事情，伤害了无辜者的利益和生命，内心往往会有一种罪恶感，会感到愧疚。也许这件事情永远都不会被别人知道，但我们的内心还是会感到恐慌，因为我们隐瞒了别人，却不能瞒过自己。别人放过了我们，我们却不能放过我们自己，这便是良心的审判，良心的惩处，这也是恶的报应，祸的开端。

为善的人并不图别人报恩，只是良心使然，感到这是自己应该做的。正是因为他们善良，经常做好事，天长日久，在诸多好事中便一定会得到某些回报。撒下善的种子，必然得到善的回报，播下恶的种子，必然得到恶的果实。这不是宿命，而是我们思想和行为的必然性里所蕴含的偶然性。

当然，限于时代的局限性，墨子试图以天志、天意来规训或驯化统治者的权力意志，希望统治者能够运用手中的权力造福百姓、消除祸乱，为天下苍生兴利除害，此法未必真正能够奏效，但其良苦用心却是难能可贵的。

人生智慧

◇善有善报，恶有恶报。

◇为善者得福，为恶者致祸。

◇爱人利人的人，天一定降福给他，损人害人的人，天一定降祸给他。

后　记

　　"国学今用"系列丛书是我们组织十多位国学知识功底深厚、文学造诣极深且对社会学、心理学等学科综合研究方面有较高水平的专家、学者，经过近两年通宵达旦的辛苦创作、数易其稿而苦心经营出来的历史传记作品，本套图书共十本，每本十五万字，语言通俗流畅，内容精彩有趣，知识性和可读性极强，在此，我们对在本书创作中付出辛勤劳动的作者们表示衷心的感谢！

　　在本书创作过程中，我们除了采用古代圣贤和近代之前国学名家的大量典籍资料以外，还参考了现当代相关的大量资料，有些作者我们已经进行了联系和沟通，但由于出版时间所限，以及有些作者的信息资料不太详细，截至出版之日，我们仍未能联系上这些作者，还请这些作者多多海涵，并在见到本书后及时与我们联系。

　　联系方式：457735190@qq.com

本书编委会